ESTÁ EN CHINO

Colección Algarabía

ESTÁ EN CHINO

algarabía
revista que genera adicción

Está en chino, 2007
Directora de la colección: María del Pilar Montes de Oca Sicilia

D. R. © Editorial Lectorum, S. A. de C. V.
Centeno 79-A
Col. Granjas Esmeralda
C. P. 09810, México, D. F.
Tel. 55 81 32 02
www.lectorum.com.mx

Bajo acuerdo con:

© Editorial Otras Inquisiciones, S. A. de C. V.
Pitágoras 736, 1er piso
Col. Del Valle
C. P. 03100, México, D. F.
Tel. 54 48 04 30
www.algarabia.com

Primera edición: agosto de 2007
Primera reimpresión: enero de 2008

ISBN: 978-970-732-226-4

D. R. © Portada: Francisco Masse

Impreso en México

Presentación

ESTÁ EN CHINO

¡Ah, y de verdad que está en chino! Está en chino entender la lengua, los idiomas, las mil y una formas en que nos expresamos los humanos, las increíblemente numerosas maneras de ver la realidad, de segmentarla y pasarla por un tamiz; los millones de perspectivas que, luego, a su vez, se convierten en idiomas, lenguajes, dialectos, idiolectos, jergas y hasta en estilos personales de hablar.

Y para entenderlos, disfrutarlos, conocerlos y reconocerlos o, por lo menos, darles una ojeada, está este libro que le dará al lector un viaje por las formas diversas de ver y sentir el mundo, que se materializan en la lengua misma.

Empezamos con «El latín en la tina», una lección sucinta para legos en la cual podrán aprender a fondo cada uno de los famosos latinajos, para que no nos tome por sorpresa eso de in dubio pro reo o coitus interruptus y podamos responder, aunque no seamos abogados ni doctores. Y, siguiendo con el latín, encontraremos pequeños diminutivos en los escrúpulos que no tenía Calígula y que, curiosamente, usamos a diario en español.

Las dificultades para entenderse en un mismo país, como Bélgica, que tiene dos lenguas oficiales —en el capítulo «Choque de trenes»—, o México —en «Los Niños de Morelia»—, se unen a las mil maneras en que un hablante de distintas lenguas dice «me duele la cabeza» y a un pequeño diccionario para sobrevivir en Yucatán. Después visitamos Guatemala y su particular manera de expresarse, y nos vamos más abajo, hasta Buenos Aires, para toparnos con el lunfardo, la jerga de los bajos fondos y del tango.

Pero no sólo en las distintas regiones y lugares encontramos variedad; aquí mismo podemos desenterrar miles de formas y jergas sui generis: un «Pequeño diccionario de ornitología popular» donde conviven las arpías con las aves de mal agüero y las pájaros nalgones; los absurdos encabezados de periódicos en «Mudar verbo es elegancia»; la sabiduría que reza en el trasero de los muchos camiones —materialistas o no— que andan circulando por toda la República; y la elegancia y perífrasis que encontramos en los avisos caucionales del Parque México.

De ahí nos vamos a los estilos particulares; por ejemplo, el gusto por los eufemismos —decir pompis en lugar de nalgas o «hacer del dos» en lugar de defecar—; o el disgusto que dan algunas palabras que hemos llamado «matapasiones», entre ellas: verruga, cuantimás y destete; o la hilaridad que causan las etimologías populares, como aquella del mensajero que decía que esos eran «gases del oficio y

8

otras frijolidades de la vida»; o, bien, la vergüenza que causan esos *lapsus* o «pequeños equívocos sin importancia», como decir que vas a «citar a Freud sexualmente» en lugar de «textualmente»; o caer con las palabras *desostasars* y leer «Salón de fiestas. Reservaciones» como «Salón para reventones»; o ser víctimas de la errata que imprime: «aquella mañana doña Manuela se levantó con el coño fruncido» —en palabras de Blasco Ibáñez—, cuando en realidad era el «ceño fruncido».

Pasando a temas más académicos, el lector encontrará en este libro reflexiones de por qué se escribe *Méjico* con *j* en España, por qué los indios de India son indios que no hindúes, cómo se bautizan científicamente muchas especies animales y en honor a quién, y cómo se les llama a los originarios de los lugares más recónditos de México y del planeta —como los palozarcos, originarios de Palo Verde, Sonora, o los lusitanos, originarios de Lisboa, Portugal—. Y también encontrará resultados de un estudio sobre nombres propios realizado por la doctora Gloria Báez que hemos denominado «¿Qué nombre le pondremos?, matarilerilerón».

Por fin, terminamos con los dedonarios o formas de diccionario para escribir en el celular —que no son tan nuevas que digamos—; lo estúpidamente absurdo que resulta ligar un idioma con la bandera de uno de los países donde se habla; el arte del palíndromo, el normalito y el *onomástico* que se forma con nombres propios; y, para cerrar con broche de oro, un artículo que compendia diversas, variadas y múltiples formas de decirle *estúpido* a alguien.

Como pueden ver, este libro sí que está en chino y más en chino está perderse su lectura. ☜

María del Pilar Montes de Oca Sicilia

Prólogo

Hace diez años, una firma de investigación de mercados —Aljamía—, que iniciaba sus operaciones, decidió publicar un boletín para su comunicación interna. ¡Quién nos diría que, una década más tarde, ese boletín cobraría vida propia y evolucionaría hasta convertirse en una de las revistas predilectas de México! Y, ahora, en un libro, que ya es parte de la COLECCIÓN ALGARABÍA.

Algarabía nació como un sueño y un sueño sigue siendo hasta ahora. Ensueño en el mejor sentido de la palabra, porque se trata de una publicación que nació del amor, producida en cada número —primero fue trimestral, luego bimestral y ahora es mensual— con la idea de hacer una revista diferente a la gran masa amorfa que atesta los anaqueles de las tiendas y los puestos de periódicos.

Distinta desde su formato, que no se parece al de ninguna otra, especial por su contenido, por su orientación, por tantas cosas... *Algarabía* es original, una propuesta valiosa. *Algarabía* es *Algarabía*. No existe comparación alguna, porque las comparaciones no son válidas.

Incluso, ha dado origen a la algarabiadicción, ya que son miles los lectores que llegan desesperados al fin de mes por el nuevo número, por su nueva dosis, por su más reciente pasón, ahítos ya de leer el mismo número durante todo el mes en las idas al baño, en el trayecto de la casa a la oficina, la escuela o adonde tengan que ir. Yo ya comienzo a padecer el síndrome de abstinencia por ahí del día 24 de cada periodo mensual y la semana que falta para la aparición del nuevo ejemplar se me hace interminable. ¡Me urge aprender cosas novedosas y fascinantes, como la gramática del esperanto, qué tipo de dislexia se puede padecer, cómo se dice *te quiero* en un montón de idiomas, por qué se escribe *México* —con *x*— en México y *Méjico* —con *j*— en España o por qué denotar un idioma con una bandera es una soberana estupidez!

Algarabía es eso y más. Es un vehículo de divulgación, de comunicación. No es una publicación especializada, hecha por expertos para expertos —y que nadie más lee—. Su enfoque es dar a las personas temas interesantes y originales para que, si les interesa, aprendan más. Es más una puerta de entrada que un altar mayor.

Espero que este libro sea parte fundamental de una larga serie y de su lenguaje cotidiano. *Algarabía* se merece eso y más. Porque un libro dura más idas al baño que una revista. ☙

Juan Carlos Jolly Vallejo

El latín en la tina

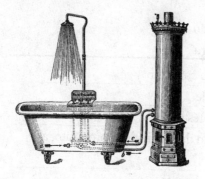

A menos que usted sea todo un investigador y conviva cotidianamente con los famosos latinajos, puede serle de utilidad leer lo siguiente.

A veces, cuando consultamos alguna fuente especializada, encontramos unas palabras misteriosas en letra cursiva —itálica— que intentan decirnos algo en lengua inexpugnable y que, si no sabemos descifrar, nos pueden parecer —si el día es negro y el ánimo otro tanto— la clave inaccesible que buscábamos y que se nos va, por no tener a la mano ni un diccionario ni un manual de investigación.

A continuación expongo, a manera de lista, las expresiones latinas más comunes, para que usted se familiarice con ellas y éstas no lo sorprendan la próxima vez que se las encuentre por ahí —le recomiendo que las repase en la tina, dentro del agua tibia, tratando de no mojar este texto y de que el vapor no perturbe su lectura.

latín	significado abreviatura
a contrario sensu	en sentido contrario
a posteriori	después de
ab intestato	sin haber testado
ad hoc	para un fin determinado, a propósito, al efecto
ad interim	provisionalmente a. i.
ad calendas graecas	a saber cuándo, sin una fecha concreta
ad libitum	a gusto, a voluntad
alea jacta est	la suerte está echada
alter ego	el otro yo
animus injuriandi	con ánimo de injuriar
ante meridiem	antes del mediodía a. m.
ars longa, vita brevis	el arte es largo, la vida es breve
bis	dos veces
bis dat, qui cito dat	quien da primero, da dos veces
bis repetita placent	lo que se repite, acaba agradando
campus	conjunto de terrenos y edificios pertenecientes a una universidad
carpe diem	siembra el día, aprovecha el momento
casus belli	caso o motivo para declarar la guerra
cogito, ergo sum	pienso, luego existo

coitus interruptus	coito interrumpido
confer	compara
	cf. o cfr.
corpore insepulto	con el cuerpo sin sepultar, de cuerpo presente
cujus regio, ejus religio	de tal país, tal religión
cum laude	con laureles, con alabanza
curriculum vitae	carrera de la vida, datos biográficos que califican a una persona
de auditu	de oídas
Deo gratias	gracias sean dadas a Dios
desideratum	lo deseado y apetecido
dixi	he dicho
errare humanum est	cometer errores es propio de los humanos
ex abrupto	dicho o ademán brusco, inesperado, sin preparación
ex aequo	con igual mérito
ex catedra	en tono doctrinal, con suficiencia, con autoridad de maestro
ex professo	a propósito
excusatio non petita, acusatio manifesta	quien da muchas excusas, se acusa sin darse cuenta
exempli gratia	por ejemplo
	e. g.
ex nihilo	de la nada
et alii	y otros
	et al.

factum	el hecho, en contraste con el dicho o con lo pensado —está en desuso, hoy en día se utiliza *de facto*—
fac totum	que lo hace todo
fecit	hizo
	fec.
fortuna favet fatuis	la fortuna favorece a los tontos
forum	reunión para discutir asuntos de interés actual o lugar donde se celebra esa reunión
gloria in excelsis Deo	gloria a Dios en las alturas
grosso modo	de manera burda, de bulto, sin detalle
habeas corpus	derecho del detenido a comparecer de inmediato ante un juez para que, oyéndolo, resuelva si su arresto fue o no legal
hic et nunc	aquí y ahora
homo homini lupus	el hombre es un lobo para el hombre
horror vacui	horror al vacío
ibidem	allí mismo
	ib. o ibid.
idem	el mismo, lo mismo
	id.
id est	esto es
	i. e.
ignoti nulla cupido	no se desea lo que se desconoce
in albis	en blanco, sin nada
in articulo mortis	realizado a la hora de la muerte
in dubio pro reo	en caso de duda, debe irse a favor del acusado
in extenso	en toda su extensión

in extremis	en el último momento
in fraganti	en el momento de cometerse el delito
in loco et in tempore	en un lugar y en un tiempo
in mente	en la mente, mentalmente, en la cabeza
in pectore	mantener en secreto una decisión tomada
in saecula saeculorum	por los siglos de los siglos
in situ	en el lugar mismo
in vino veritas	en el vino está la verdad
in vitro	en laboratorio, en la probeta
interim	puede ser un sustantivo: el tiempo que dura alguien interinamente en un cargo; o un adverbio: entretanto. Ahora se usa más bien *ínterin*
ipso facto	por el hecho mismo, en el acto
item	también, además, de igual modo, pero se usa para distinguir artículos o capítulos en una escritura
labor omnia vincit improbus	el trabajo constante vence a todo
lapsus	equivocación cometida por descuido
lapsus calami	error de pluma, de escritura
lapsus linguae	error de lengua
lapsus mentalis	error o distracción mental
lato sensu o *sensu lato*	en sentido extenso, lato, amplio
locus citatus	en el lugar citado loc. cit.
magister dixit	el maestro lo ha dicho

manu militari	por el empleo de la fuerza armada, por lo militar
mea culpa	culpa mía
meridies	mediodía m.
minima de malis	el mal menor
modus operandi	modo de obrar, de actuar
modus vivendi	manera de vivir o de ganarse la vida, arreglo
motu proprio	voluntariamente
mutatis mutandis	cambiando lo que se deba cambiar oportunamente
ne varietur	que nada cambie
nihil obstat	nada lo impide
non grata	no agradable
nota bene	nótese bien n. b.
nullum crimen sine lege	no hay delito si antes no ha sido prefigurado por la ley
numerus clausus	número cerrado, limitación del número de plazas establecido por un organismo o institución
opus citatus	obra citada op. cit.
pandemónium	capital imaginaria del reino infernal
peccata minuta	error, falta o vicio leve
per capita	por persona, por cabeza
per se	por sí, por su propia sustancia
post meridiem	que ocurre después del mediodía p. m.

post nubila, foebus	después de las nubes, el sol
post scriptum	después de lo escrito
	p. s.
qualis vita, finis ita	a tal vida, tal muerte
quid pro quo	algo a cambio de algo, algo que se sustituye por otra cosa
quodlibet	lo que quieras
quorum	número de individuos o proporción de votos necesarios para que un organismo tome ciertos acuerdos
ratio	razón, relación, proporción, cociente de dos números
referendum	consulta al pueblo, mediante votación, para ratificar una ley
requiem	composición musical que se canta con el texto litúrgico de la misa de difuntos, o parte de él
requiescat in pace	descanse en paz
	R.I.P.
res, non verba	hechos, no palabras
rigor mortis	rigidez cadavérica
sancta sanctorum	lugar secreto y reservado al que sólo acceden unos cuantos privilegiados
semper idem	siempre lo mismo
sic	sí, tal cual, de este modo, literalmente
sine die o *sine data*	sin fijar fecha, aplazado indefinidamente
	s. d.
sine qua non	condición indispensable
stadium	estadio

statu quo	se usa como sustantivo masculino, especialmente en la diplomacia, para designar el estado de las cosas en un determinado momento o estado actual
status	estado o condición de una cosa, persona
stricto sensu	en sentido estricto o riguroso
sub voce	bajo la palabra s. v.
sui generis	de su género, de su especie, muy especial
superavit	exceso o excedente
supra	arriba
surge et ambula	¡levántate y anda!
sursum corda	¡ánimo!, arriba los corazones
symposium	conferencia o reunión en la que se examina y discute determinado tema
tace, sed memento	calla, pero recuerda
tacet	indica que un instrumento musical debe permanecer en silencio
tandem	conjunto de dos elementos que se complementan
testis unus, *testis nullus*	un solo testigo, ningún testigo —un solo testigo no sirve—
ubi bene, ibi patria	donde esté el bien, allí está la patria
ultimatum	advertencia terminante y definitiva, último plazo
urbi et orbi	a los cuatro vientos; a la ciudad y al mundo
uti, non abuti	usar, no abusar
vade retro Satana!	para rechazar una tentación, ¡retrocede!

vanitas vanitatum, et omnia vanitas	vanidad de vanidades y todo vanidad
verba volant, scripta manent	las palabras vuelan, lo escrito permanece
verbi gratia	por ejemplo
	v. g. o v. gr.
versus	en dirección a, hacia o contra
	vs.
vide	véase
	vid.
vox populi	rumor popular, voz del pueblo ☙

Calígula y los escrúpulos

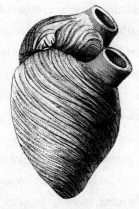

La lengua, como instrumento de comunicación, se auxilia de algunos procesos para enriquecerse y adaptarse a las necesidades de sus hablantes. Uno de esos procesos es la derivación, mediante la cual se añaden sentidos nuevos a una palabra con la «simple» adición de un sufijo —elemento que se pega después de la raíz.

Con frecuencia, varios sufijos comparten un mismo matiz. Así sucede con los sufijos del español -ito, -illo, -uelo, que expresan una idea diminutiva[1] respecto a la palabra de origen: *carro, carrito;*

---

1 En ocasiones, también expresan un matiz despectivo, en especial los dos últimos: *hombrecillo, mujerzuela,* etcétera.

chico, chiquillo, chicuelo; plaza, plazuela. Hay palabras formadas con estos sufijos diminutivos que ya se han desligado de su sentido «empequeñecedor», cobrando vida propia: *bolsillo* —derivado de *bolso*—, *señorita* —derivado de *señora*—, *Venezuela* —«la pequeña Venecia», etcétera.

El español mexicano hace uso frecuente del sufijo diminutivo en expresiones como «*ahorita* lo traigo», «al *ratito* nos vemos», «¿nos tomamos un *cafecito*?», «¡ya *merito* ganábamos!». Y, aunque a veces no sea tan sencillo explicar el sentido diminutivo en las expresiones que aparecen, sí nos es posible reconocer el sufijo -*ito*.

Nuestra lengua tiene también otro sufijo que forma diminutivos: -(*c*)*ulus*, -(*c*)*ula*, -(*c*)*ulum*; cuyo origen es el latín. Al pasar al español, muchas de las palabras derivadas de este sufijo fueron perdiendo su matiz diminutivo, que ahora es casi imperceptible para el hablante no especializado en asuntos lingüísticos. Conozcamos algunas de ellas.

Podemos iniciar nuestro recorrido con los vocablos que, por tener como primer elemento una palabra conocida en español y, a sabiendas de que este sufijo suele formar diminutivos, pueden deducirse con un poco de atención, como: *glóbulo*, de *glŏbus*, «globo, bola»; *partícula*, de *pars, partis*, «parte, porción»; *versículo*, de *versŭs*, «surco», «línea de escritura»; *montículo*, de *mons, montis*, «monte».

Hay otros que también son de uso común, aunque su deducción semántica se vuelve más compleja, como *músculo*, de *mūs*, «ratón» —como si un ratoncito se escondiera bajo el bíceps—. En latín, *caja* se dice *capsa*, ¿qué será entonces una *cápsula*, sino una «cajita»? La *cánula* que usan los médicos es una delgada «caña» —*canna*—; la *célula* es una pequeña «celda» —*cella*—; una *retícula* es una «redecilla» —*rēte*, «red»—; un *homúnculo* es un «hombre» —de *hŏmo*— pequeño en cuanto a su tamaño, como los duendes, o en cuanto a su insignificancia.

26

Los nombres de algunas partes de nuestro cuerpo guardan metáforas y poesía que a veces ni imaginamos. Es el caso del corazón con sus *aurículas* y *ventrículos* —de *auris*, «oreja», y *ventĕr*, «vientre», respectivamente—, y de la *lūnŭla*, «pequeña luna», dibujada en el nacimiento de las uñas y la pielecita, ¡sí!, la cutícula —de *cŭtis*, «piel»— que la rodea. Un *folículo* —*follis*, «bolsa»— es un saquito que guarda, por ejemplo, pelo, por lo que se le llama piloso; la *rótula* es el hueso con forma de ruedita —*rŏta*, «rueda»— que tenemos en la rodilla; un *testículo* es un «testigo» —*testis*—[2] de la procreación. En nuestra anatomía hacen también su aparición las analogías con frutas, tales como *úvula* —*ūva*, «uva»—, la uvita que vibra en la parte trasera del paladar cuando se emite un sonido —también se le conoce como *campanilla*—, y *pómulo,* una palabra formada a partir de *pomŭlum*, «manzanita». ¡Quién nos diría que las mejillas no tenían sólo el color de las manzanas, sino también su nombre!

Pero no sólo la ciencia médica se ha enriquecido con estas derivaciones diminutivas de nuestra ubérrima lengua materna: el latín. Hay otras que se refieren a objetos variados como las *válvulas*, que son «salidas o puertas» —*valvae*—; o como los *párvulos* —*parvus*, «pequeño»— y los *ósculos* —*ōs*, «entrada» y, más concretamente, «boca»—, arcaísmos éste de *beso* y aquél de *niño*. *Libélula* proviene de *lībella*, diminutivo, a su vez, de *lībra*, «balanza», porque este insecto mantiene el equilibrio en el aire. Escrúpulo —*scrŭpŭlus*— es una piedrecilla que, por cierto, es sinónimo etimológico de *cálculo*, formado de *calx, calcis*, «piedras de cal», que eran usadas para contar —origen primitivo del cálculo en sus distintas variedades: diferencial, vectorial, etcétera.

---

2 Aunque otra etimología liga esta palabra con *testa*, «olla», y, en sentido figurado, «cabeza».

Palabra diminutiva es también el sobrenombre de un emperador romano, Cayo Julio César Augusto Germánico,[3] hijo de Germánico. *Calígula*, según refiere Suetonio,[4] es un apelativo que cariñosamente le dieron los soldados de su padre que, desde muy pequeño, lo vieron conviviendo con ellos en el campo militar y calzando, como ellos, sus *călĭgae*, una especie de bota militar.

¿Había imaginado que los escrúpulos fueran algo así como piedras en el zapato o que el corazón tuviera orejitas y pequeños vientres? ¿O que *Calígula*, cuyo nombre remite a una época de desenfreno, significara tiernamente «botitas»? Éstas son las sorpresas y hallazgos que nos deparan las etimologías, de las que hemos mostrado sólo algunos ejemplos relacionados con las muchas palabras que poseen estos sufijos latinos. Seguramente ya habrá pensado en una o varias de uso común en su área profesional o en la vida cotidiana y, quizá, ya podrá entender, de otra manera, qué es un *círculo*, una *partícula* o un *óvulo*. ✑

---

3 Además, homónimo del célebre general romano conquistador de las Galias.
4 *Los doce césares*, «Calígula», 9.1.

Choque de trenes

El 27 de marzo de 2001, cerca del pequeño pueblo de Pécrot, Bélgica, un tren de pasajeros vacío que provenía del pueblo de Wavre, ubicado en Valois —es decir, en la zona francohablante belga—, se dirigía a su destino. Parecía un día como cualquier otro; sin embargo, el maquinista se confundió, no respetó una luz roja y, sin darse cuenta, entró en una vía en sentido contrario y la recorrió a lo largo de 8 kilómetros.

La central de trenes del pueblo de Wavre notó el terrible error y trató de comunicarse con el conductor, pero un triste juego del destino evitó que alguno de los controladores pudiera localizar el teléfono portátil del maquinista. Posteriormente, trataron de informar el suceso a la central de Lovaina para que cortaran la electricidad en el sistema ferroviario de la línea, que recorre de norte a sur el país, desde Amberes hasta Namur, es decir, desde Flandes a Valois. Pero, una vez logrado el contacto, ¡no se entendieron! La gente de Wavre se expresa en francés y la de Lovaina en flamenco o neerlandés... Se perdieron preciosos minutos.

El malentendido se tornó en tragedia, pues el tren de Wavre se dirigió peligrosamente hacia un tren de pasajeros proveniente de Lovaina. La colisión fue inevitable y, a pesar de que los maquinistas trataron de frenar, los trenes chocaron y perecieron ocho personas, incluidos los dos operadores. El evento es recordado como «La tragedia de Pécrot».

Pero lo que a nosotros nos interesa es la historia, como ejemplo representativo, de la «batalla lingüística» que se libra a diario en Bélgica y que ha favorecido los afanes separatistas de algunos grupos de ultraderecha que buscan que Valois se separe de Flandes. Valga decir que Valois es una región francohablante considerada como pobre, al menos en comparación con la pujante economía flamenca. En medio de todo está Bruselas, donde se habla francés en mayor medida, aunque ahí reside una activa, pero minoritaria, comunidad flamenca.

Bruselas es una de las ciudades más cosmopolitas del mundo; si entramos a cualquier restaurante es fácil oír una conversación en francés, otra en flamenco y otra en alemán. Y es que en Bélgica se hablan oficialmente esas tres lenguas. En las salas de cine bruselenses, las películas están subtituladas en flamenco y en francés; la nomenclatura de las calles también se lee en las dos lenguas.

El flamenco, neerlandés u holandés es una lengua germánica, emparentada con el alemán y el inglés. Los que tienen al flamenco como lengua materna tienen fama de dominar fluidamente otras lenguas como el francés y el inglés, aunque actualmente el chino es la lengua más popular en los centros flamencos de enseñanza de idiomas, pues los jóvenes se interesan cada vez más en ella, como consecuencia de las intensas relaciones comerciales establecidas con China. En segundo lugar de popularidad está nuestra lengua, el español, pues muchos jóvenes flamencos hacen servicios sociales en Latinoamérica o se interesan por estudios de la cultura iberoamericana.

Por otra parte, existe el cliché de que el *bruxellois* francófono y el habitante de Valois únicamente hablan francés, porque es una lengua mundial y así no se ven en la obligación o necesidad de aprender otra. Por supuesto que esto es una generalización, pero se sabe que los niños y jóvenes flamencos aprenden otras lenguas desde chicos, pues el neerlandés tiene un número de hablantes realmente limitado.

De hecho, los habitantes de Flandes generalmente hablan de manera fluida el francés; no obstante, la división lingüística del país —la cual presenta fuertes connotaciones políticas— hace que las nuevas generaciones vayan perdiendo el interés en hablarlo activamente o que, definitivamente, no lo hablen. El caso del choque de trenes en Pécrot es ideal para mostrar cómo el bilingüismo belga no es absoluto, pues nadie en el personal de ambas centrales de trenes pudo darse a entender para cortar la electricidad de las vías.

En Bélgica, el contexto histórico y político favorece la separación de las diferentes comunidades lingüísticas; pero los belgas pueden sentirse orgullosos de pertenecer a un país que cuenta con una interesante diversidad lingüística, a pesar de su tamaño.

Alguna vez, apareció un artículo en la prensa belga en el que se hablaba de los grandes problemas sociales, políticos y económicos que aquejan a una nación como México, pero el periodista belga se sorprendía del nacionalismo y el apego a la tierra, a la comida, al idioma, a las costumbres; y del orgullo que un mexicano externa al hablar de su país. En contraste, decía que en Bélgica la gente se preocupa y agobia por «problemas de lujo», como quién habla mejor o peor el francés o neerlandés, y reflexionaba que quizá a los belgas les hace falta un arraigo por su nación, por sus lenguas, y dejar de lado los regionalismos y los antagonismos que pueden derivar en un choque de trenes. ¿Tendrá razón? ☺

Los Niños de Morelia

Aproximadamente 500 niños —la mayoría catalanes— llegaron a México en 1937, exiliados de su país a causa de la Guerra Civil Española. Los pequeños, como casi todos los exiliados, eran figuras anónimas que formaron parte de la dolorosa tragedia de una guerra. Cuando llegaron, se pensaba que su estancia en la Escuela Industrial España-México, en Morelia, Michoacán, sería transitoria, pero los exiliados no tuvieron oportunidad de regresar a su patria después de la derrota de los republicanos. De hecho, muchos de estos niños nunca volvieron a encontrarse con sus padres ni con su país natal y se les conoció como «Los Niños de Morelia».

El dramaturgo Víctor Hugo Rascón Banda decidió tomar la historia y convertirla en poesía para la puesta en escena de una obra que representa la otra conquista de España a México: la del emotivo encuentro de dos pueblos. Hemos querido reproducir una escena de esta obra,[1] en la que el autor da cuenta de los problemas de comunicación que pueden surgir aun entre hablantes de una misma lengua.

LAS DOS LENGUAS

—Pues, ¿qué lengua hablan acá?, que no se les entiende nada.

—Es español.

—No. Debe ser «mexicano».

—Hablan como cantando.

—Y siempre están como pidiendo perdón o suplicando.

—«¿Me haría usted el grandísimo favor de abrir la puerta?»

—Cuando es más fácil decir: «Abra esa puerta».

—«¿Le molesto si me pasa el salero?»

—En vez de decir: «¡Coño, pásame el salero!».

—«¿Sería usted tan amable de decirme dónde está la plaza principal?»

—Cuando es más fácil decir: «¿Y la plaza mayor?».

—Dicen: «Apúrate».

—En vez de decir: «De prisa».

—Dicen: «Ándale».

---

1 v. «Los Niños de Morelia», en *Revista de la Universidad de México*, núm. 31, UNAM, septiembre 2006; pp. 18-19.

—En vez de decir: «Vamos».

—Dicen: «'Orita».

—En vez de decir: «Después».

—Dicen: «Nomás tantito».

—En vez de decir: «Un poco».

—Dicen «papas».

—En vez de decir: «patatas».

—Dicen «futbol».

—En vez de decir: «fúrbol».

—Dicen «tortas».

—En vez de decir: «emparedados».

—Nos dicen «Los Coños».

—Sólo porque decimos «coño».

—A la «nevera» le llaman *refrigerador*.

—Y a la «piscina» le llaman *alberca*.

—A los «cordones» les dicen *agujetas*.

—A la «caña» le llaman *popote*.

—A la «bombilla» le llaman *foco*.

—Al «retrete» le llaman *baño*.

—¡Le dicen *excusado*!

—Para decir «mi casa».

—Dicen: «la casa de usted».

—¿Quién les entiende? Carajo. ☙

Me duele la cabeza

Cualquier persona que haya intentado traducir algo sabe que a veces resulta muy fácil y otras parece una tarea imposible. La razón es que una lengua nunca es igual a otra en su forma de ver y segmentar la realidad. Cada una está modelada por la cultura y el entorno, y, a la vez, su organización y su estructura moldean la forma en que el hablante de la misma percibe el mundo. Lo que resulta relevante en una cultura no lo es en otra; por lo tanto, lo que un lenguaje destaca y nombra, otro lo omite o ni siquiera tiene palabras para describirlo.

Algo similar sucede con los diferentes dialectos o modos de hablar; no se usan las mismas expresiones para las mismas cosas y así, una persona que habla inglés en Gales puede no entenderse con otra que lo habla en Kansas, o bien alguien que habla español en Satélite, al norte del D. F., pudiera no hablar igual que alguien que habla el mismo idioma en San Martín de los Andes, un pueblo sureño de Argentina.

A continuación, veremos un ejemplo de las diferencias de visión y expresión de la realidad entre los hablantes de una y otra lengua a través de la frase «me duele la cabeza».

¿Cómo se dice «me duele la cabeza» en...?

lengua	me duele la cabeza (traducción)
alemán	*der Kopf tut mir weh*
	(la–cabeza–hace–a–mí–mal)
búlgaro	*imam migrenya*
	(tengo–migraña)
catalán	*tinc mal del cap*
	(tengo–mal–dela–cabeza)
checo	*bolí me hlava*
	(duele–mí–cabeza)
creole de Mauricio	*mo latet pé fair mal*
	(mí–la–cabeza–puede–hacer–mal)
croata	*imam glavobolju*
	(tengo–cabezadolor)
	boli me glava
	(duele–mi–cabeza)
danés	*jeg har hovedpine*
	(yo–tengo–cabezadolor)

español	*me duele la cabeza*
	(tengo dolor de cabeza)
esperanto	*mi havas kapdoloron*
	(yo–tengo–cabezadolor)
finés	*minä on päänstärkyä*
	(yo–estoy–cabezadolor–con)
francés	*j'ai mal à la tête*
	(yo–tengo–mal–en–la–cabeza)
gallego	*teño dor te testa*
	(tengo–dolor–de–cabeza)
griego	*égo ponokéfalo*
	(yo–dolorcabeza)
holandés	*Ik heb hoffdpijn*
	(yo–tengo–cabezadolor)
húngaro	*fáj a fejem*
	(dolor–está–cabezaen)
indonesio	*saya sakit kepala*
	(yo–enfermo–cabeza)
inglés	*I have a headache*
	(yo–tengo–un–cabezadolor)
italiano	*ho mal di testa*
	(tengo–mal–de–cabeza)
letón	*man sāp galva*
	(me–duele–cabeza)
noruego	*jeg har hodepine*
	(yo–tengo–cabezadolor)
polaco	*boli mnie glowa*
	(duele–me–cabeza)
portugués	*eu estou com dor de cabeça*
	(yo–estoy–con–dolor–de–cabeza)

rumano	*ma doare capul*
	(mí–duele–cabezala)
ruso	*u menja bolit golova*
	(en–mí–duele–cabeza)
sueco	*jag har ont i huvudet*
	(yo–tengo–mal–enmí–cabezala)
turco	*başim ağriyor*
	(cabeza–tiene–dolor) ☺

Diccionario para sobrevivir en Yucatán

A quel que haya estado en Yucatán sabrá que, a pesar de que hablamos la misma lengua, muchas veces resulta imposible entender a los nativos de esa región. Esto se debe a que el maya,[1] lengua materna en muchas de las comunidades rurales de la Península, es todavía un lenguaje vivo y ha incorporado al habla coloquial muchas palabras. Pero también a que se han castellanizado muchos de sus verbos —con sus correspondientes conjugaciones, modos y tiempos—, los cuales se conocen como «mayismos» o «yucatequismos».

---

1 El número de hablantes de maya en México es de 1'695,000; según: www.sil.org/Mexico/maya/00e-maya.htm#top

Los yucatecos, además y como ellos mismos dicen, «hablan aporreado», es decir, pronuncian las palabras marcando su separación silábica. Todos conocemos bien ese tonito gracias a Cucho, el de Don Gato y todos, todos, los yucatecos «aporrean» al hablar, unos más que otros, dependiendo del nivel socioeconómico.

Además, en el uso cotidiano del habla yucateca se encuentran muchas expresiones del español antiguo que en el resto del país han desparecido. De modo que si tiene la idea de visitar esos parajes, es necesario aprender el siguiente «vocabulario básico de supervivencia entre los yucatecos». Por favor, léalo «aporreando» de la misma forma que lo hacen los habitantes de la Península y pronúncielo con las siguientes características:

Para las palabras provenientes del maya:

1. la *x* suena como /*sh*/. *Uxmal* se pronuncia /*ushmál*/. Es de mal gusto pronunciar la *x* como /*cs*/.

2. la *h* suena como /*j*/. *Holbox* se pronuncia /*jolbósh*/.

Para yucatequismos o habla coloquial:

3. todas las palabras que terminen en *n* deben pronunciarse como si terminaran en *m*. Ejemplo: *jamóm, jabóm, camióm, limóm, Yucatám*, etcétera.

4. todas las palabras que utilicen *ñ* deben pronunciarse como si fueran *ni*. Ejemplo: *ninio, ninia*.

Si se aprende este vocabulario tendrá un gran éxito entre los yucatecos y evitará confusiones, como la de mi hermana Isabel que se sentía muy halagada cada vez que alguien le decía: «¡Qué bonito tu *pirix*!», pensando que se referían a su vestido; o se ahorrará corajes, como los que hacía el irritable de Arturo cuando le decían «¡Oye, ven acá!» y él pensaba «¡Ven acá tú cab'!»; o como el que hizo Victoria alguna vez cuando su alumno, que no llevaba plumones a la clase, le dijo que iba a «bajar a prestar». Por eso, para que esté usted preparado, le enlistamos aquí los términos y expresiones que más frecuentemente lo pueden sacar de balance:

achocar, acomodar apretujadamente, amontonar.

box —ito—, negro —negrito.

chan, pequeño.

chop calle, calle cerrada, ciega.

chel, güero o de pelo y ojos claros.

chichí, abuela.

chiuó, tarántula. También aplicado a mujeres muy feas.

chuchú, seno, teta, chichi.

hach, cortesía conocida como «las de la casa».

mulix, de cabello muy rizado.

pelaná, mentada de madre.

perech, justo, exacto.

purux, gordito.

pirix, culo.

tuch, ombligo.

uix, orinar. El verbo se ha castellanizado como *uixar*.

xic, axila.

xec, jícama picada, con trozos de cítricos. Revoltura.

xix, resto.

abanico, ventilador colgado al techo.

a wech, frase de afirmación —a huevo.

azul pavo, azul marino.

borrador, goma de borrar.

¡bueno!, despedida —ahí nos vemos.

bulto, bolsa de mujer.

buscar, buscar o encontrar.
> *V. gr.*: *no busco trabajo* = no encuentro trabajo.

calzonera, traje de baño.

¿cuántos días hiciste en Mérida?, ¿cuántos días estuviste en Mérida?

¿de qué te toca?, ¿qué es de ti?
> *V. gr.*: *¿de qué te toca, Juan?* = ¿qué es de ti, Juan?

¡eres más caballo!, ¡qué bruto eres!

escarpa, acera.

está ido, salió, que alguien no está.

¡fó!, ¡fuchi!, ¡guácala! Lo que se dice cuando se olfatea un gas.

francés, bolillo o baguette

gallo, joven, muchacho.

¡guay!, expresión de asombro o dolor —¡ay!

mamarse, emborracharse.
> *V. gr.*: *¿'tas mamao gallo?* = ¿estás borracho?

¡maare!, expresión de asombro.

¿me haces la botada?, ¿me das un aventón?

miriñaques, mosquiteros.

negociar, arreglar.

    V. gr.: *negocéame* —negóciame— esa llave —grifo—, por favor.

¡oye, ven acá!, escúchame.

pollo, órgano genital masculino.

prestar, pedir prestado.

    V. gr.: *¿te presto tu lápiz?* = ¿me prestas tu lápiz?

¡qué onda, hija!, ¡qué onda, cabrón, güey! O como sea. Se dice entre amigos.

queso, órgano genital femenino.

quitarse, retirarse.

    V. gr.: *me quité a las nueve* = me retiré a las nueve.

sabucán, bolsa de mandado.

se gastó, se acabó, se terminó.

    V. gr.: *se gastó la sopa* = se acabó la sopa

tajador, sacapuntas.

todavía, aún no.

    Y, bueno, si después de esto todavía tiene dudas, consulte al yucateco más cercano, por ahí dicen que en cualquier rincón del mundo siempre hay uno. ☺

Los senderos escabrosos de nuestro idioma

Nuestro idioma es más rico de lo que podemos imaginar y lo compartimos con casi todos los países llamados hispanoamericanos; sin embargo, esconde a los incautos muchos secretos al cruzar las fronteras de nuestro México lindo y querido. Baste como ejemplo este relato de un día común y corriente en la vecina Guatemala. En el texto se incluye, entre guiones, la palabra como se leería en México.

«Por la mañana salí muy temprano y abordé *mi* —un— *camioneta* —camión—. Al pagar, vi que era el *piloto* —chofer— de siempre, un *ishto* —chavo—, *canche* —güero— y *colocho* —chino—. Como no *era sencillo* —le pagué con cambio—, me *maltrató* —insultó—. Me propuse *juntar* —ahorrar— para *mi carro* —mi coche— y no verle más la cara a ese *coche* —cerdo—. Para colmo, al llegar a la quinta, *una colisión* —un choque— *obstruía la vía* —tapaba el paso— y en vez de seguir *recto* —derecho—, *la camioneta cruzó derecho* —el camión dio vuelta a la derecha— y tomó la sexta, se topó con una *rotonda* —glorieta— y tuvo que *hacer un viraje obligado* —dar vuelta a la fuerza—, luego *dio en retroceso* —se echó en reversa— y chocó *el bumper* —la defensa— con un poste. Una linda *patoja de corte* —muchacha vestida con traje típico— con su *güira* —hijita— se me vino encima y la tuve que *coger* —detener—. Me gritó: "¡*Shuco*!" —cochino, sucio—, cuando vio que yo era *ladino* —no indígena—. Me dirigí a la *salida* —bajada— y me bajé a tres *bloques* —cuadras— de mi trabajo.

En la entrada del *comercial* —plaza comercial— me detuve por una *refacción* —comida ligera, almuerzo—. Me llamó la atención que el *chucho* —tamalito— trajera *coche* —carne de cerdo—, porque siempre trae *cadera* —muslo de pollo—. Llegué con retraso y mi jefe *pura lata* —"cuchillito de palo"—, casi me *echa* —corre—. El *shute* —cabrón— era puro *chapín* —guatemalteco no indígena—.

A la hora *de almuerzo* —la comida—, me dieron un *recado* —guisado—. Era de *chompipe* —guajolote, pavo— y estaba cocido con *güicoy sasón* —calabaza—, *güisquil* —chayote— y *arvejas* —chícharos, guisantes—. Vi pasar *un culo* —una chava— mientras tomaba *el fresco* —agua fresca— junto a la ventana; nunca había probado de *zapote* —mamey— con agua. Recordé mi *reunión* —junta— con *Checha Mancia* —César Mancilla—, un *mala junta* —no muy recomendable compañía—, además de *caquero* —riquillo y presumido— y *pajero* —mentiroso—. Quería que le hiciera *una campaña* —un paro— y pedí la cuenta. La mesera *abusiva* —grosera— me trató de *cholero* —algo así como frijolero, o sea, cuentachiles— *sólo por ganas* —sin razón.

Cogí —me dirigí— camino del *parque* —zócalo— y recordé que
el *zócalo* —zoclo— estaba dañado y necesitaba un buen *chapuz* —re-
paración improvisada—, así que *me devolví* —regresé— al trabajo a
recoger *mi* —una— *llave cangrejo* —perico—, *el alicate* —pinzas—, *el
barreno* —taladro— y tornillos, para evitar *clavos* —problemas— con
el *don* —tipo—. Como iba tarde, detuve un taxi que me llevó *al chilazo*
—de prisa— y se *parqueó* —estacionó— *a la par* —junto— de un
carro de *chontes* —policías—. Le pedí que *sonara la bocina* —tocara
el claxon—, pero *estaba fundida* —no servía—. Pagué y corrí *al portón*
—entrada— para tocar *la campana* —el timbre—. El *serote* —pedazo
de excremento— de don Checha no estaba; sólo perdí mi tiempo *por
gusto* —en balde—, hasta la *trabajadora* —sirvienta—, *toda eléctrica*
—nerviosa—, se negó a dejarme pasar a *hacer mi labor* —trabajar.

De regreso, *topé* —me encontré— con unos *mareros* —pan-
dilleros— y les *saqué la vuelta* —los esquivé—, ocultándome bajo
una *cenefa* —friso—, en un *hoyo* —hueco— de la pared, que no por
hueco —maricón—, sino por evitar *vergueos* —problemas serios—.
Un *patojo* —joven—, más *chispudo* —"vivo"— que los otros, me vio
y les gritó: "¡*Muchá* —banda—, ahí está un *pisado* —jodido— es-
condido!". Salí corriendo *vuelto madre* —rapidísimo— como *chucho*
—perro— espantado y logré escapar.

Me *ahuevé* —deprimí— y no quise regresar al trabajo, así que
llamé para avisar con *la paja* —el cuento— de que me había hecho
daño *la refacción*. Mi jefe, don Maynor, me repitió como cuatro
veces: "El *coche* —carne de cerdo— es malo, *vos* —tú—. No lo *comás*
—comas—, *cuidá* —cuida— tu salud. ¿*Venís* —vienes— mañana?".
"*Bien*" —sí—, le contesté y *corté* —colgué.

Estaba cerca de *la zona viva* —los antros— y *me provocó* —se me
antojó— pasar un rato *bien de a huevo* —muy agradable— *cantineando*
—ligando—, porque *cargaba* —traía— el *pisto* —dinero— que *le presté*

—me prestó— a mi *casera* —novia informal, amante—, a la que, por cierto, ya tenía como *la gran diabla* —muy enojada— desde que le choqué su carro, un Volvo *amarío* —amarillo—, *nítido* —impecable—, con *timón* —volante— ergonómico, *sinfines* —faros—, *aros* —rines— y todo eléctrico. Pero se me atravesó *la Pullman* —el autobús— en la *carretera* —calle— y me fui a estrellar con un *bus* —camión escolar— *socado* —lleno— de *nenes* —chamacos— de *prepa* —preprimaria—. El *carro* pegó *del lado del copiloto* —lado derecho— y se *dañaron* —estropearon— la *lodera* —salpicadera—, el *baúl* —la cajuela— y *el pidevías* —direccional.

Me metí al bar *más pegón* —de moda—, en donde el atractivo es el servicio de las sensuales meseras y sus *bocas* —botanas—, aparte del *guaro* —licor— y unas mesas de billar. Me llamó la atención que no hubiera *bolos* —borrachos— en la barra; en cambio, vi *un culito* —muchacha— de blusa *celeste* —azul claro— y pantalón *corinto* —vino—. Me acerqué *regaladote* —coqueto— a ella y le pregunté si estaba sola. Me contestó que esperaba a unos amigos para echarse un *palito* —así se dice "trago" en Puerto Rico—; así supe que era puertorriqueña. Yo le dije que era muy *puto* —mujeriego— y le invité el primero, de una vez doble, y me ofrecí a *colearla* —seguirla en el coche— si no llegaban sus amigos. Después del tercer *palito* la invité a echarnos otros a mi casa con intención de *embolarla* —emborracharla— y *darle yuca* —acostarme con ella—. Me mandó a la m... y me *somató* —asestó— un *talegazo* —trancazo— en la cara y se fue. Así acabó un día pura m... —muy malo— en la bella ciudad de Guatemala.»

Debemos tener mucho cuidado para no caer en las trampas que esconde nuestro idioma en otras latitudes, ya que corremos el riesgo de no entender «ni mais», de hablar sin sentido o hasta de insultar al prójimo sin querer. Es recomendable informarse un poquito de las palabras y costumbres del país que se visita.

Para terminar, añadiré una nota muy importante: en Guatemala *mamá* es —como dijo el natural de allá, Ricardo Arjona—, «verbo no sustantivo» y los *güiros* le dicen *mama* a su progenitora, sin ningún problema. ⟲

Lunfardo y tango, hijos del arrabal

> «¡Siglo XX, cambalache problemático y febril!...
> El que no llora no mama y el que no afana es un gil!»
>
> Enrique Santos Discépolo

S abemos que el lenguaje es un ente vivo que constantemente se modifica. En algunas ocasiones —dentro de nuestro hablar coloquial— utilizamos palabras que no pertenecen directamente a nuestra lengua y que adaptamos para hacerlas parecer españolas. Esto ha sucedido desde siempre, ya que las lenguas nunca permanecen estáticas, sino que van de la mano con el tiempo que les toca vivir. El lenguaje es una especie de fotografía de un pueblo determinado, en la que podemos observar sus modas, sus tendencias, su sentir y su pensamiento.

Un ejemplo de transformación y adaptación de la lengua es el lunfardo, una jerga del bajo fondo porteño[1] que captó nueva terminología, la adaptó y la difundió, y hoy en día es hablada por muchos argentinos.

El lunfardo surge en el seno mismo de Buenos Aires en la década de los años 20, cuando los europeos descendían a tierra argentina con la esperanza de encontrar un futuro mejor y lleno de glorias. Familias enteras de españoles e italianos —en su mayoría—, pero también franceses, polacos y judíos se establecieron en el puerto de Buenos Aires. Este gran crisol cultural dio como resultado una nueva forma de expresión y también permeó toda la cosmovisión que hasta ese entonces se tenía.

Imaginemos por un momento cómo serían los conventillos[2] del hoy pintoresco barrio de la Boca —que bordea el delta del Río de la Plata—: en los patios centrales, en las veredas, en las calles, los mercados y los prostíbulos se escuchaba un concierto de voces y acentos distintos, provenientes de países lejanos. Cada exiliado intentó conservar sus costumbres y reproducir su pueblo natal en la incipiente ciudad de Buenos Aires, ahondando en sus raíces, pero adaptándose a su nuevo entorno. «Se chamuyaba alverre por diversión».

El lunfardo nació en «cuna ranera», que hizo suya y le ayudó a crecer. Tambaleante, pero seguro de sus orígenes, fue colándose lentamente en el ingenio popular, para llegar a ser lo que hoy es:

---

1 *I. e.* originario del puerto de Buenos Aires.
2 *Conventillo*: «casa de inquilinato o vecindad».

un léxico que hablan todas las edades y clases sociales porteñas. Esta jerga popular no sólo toma palabras de orígenes diversos y las hace propias, sino que también juega a intercalar las sílabas de su propia lengua. Se convierte en un vehículo social y generacional. Se elige «charlar en lunfardo», ya que, si bien el hablante conoce el vocablo en español, prefiere, por decisión personal, utilizar un término lunfardezco con el afán de divertirse y disfrutar de la variedad lingüística. Así como los mexicanos utilizan palabras del caló o del uso popular como *chido*, *chafa*, *escuincle*, *lana*, *chupó faros*, etcétera; los argentinos de hoy siguen utilizando en su habla diaria y coloquial palabras del lunfardo, como *guita*, «dinero»; *mina*, «chava, vieja»; *bancarse algo*, «aguantarse»; *laburar*, «trabajar» —adaptación dialectal de *lavurar*, del italiano *lavorare*—, entre otras, gracias a que los jóvenes mantienen viva la jerga.

Desde sus orígenes estuvo cerca del tango y, si bien mucha gente lo asocia con este género musical, es importante hacer dos aclaraciones: la primera es que ambos son independientes y que el tango se puede escribir y cantar sin voces lunfardas. Sin embargo, el lunfardo ha podido superar esta barrera y acercarse a otros géneros musicales. Hoy, en Argentina, muchas bandas roqueras emplean términos del lunfardo como una forma de expresión que les da un sentido de pertenencia. También ha sido utilizado en la literatura argentina, por ejemplo, en la novela *El juguete rabioso* de Roberto Arlt.

La segunda aclaración es que el tango y el lunfardo no son característicos de toda la Argentina —como tantas veces se cree—, sino que representan exclusivamente un modo de sentir porteño; aunque se han extendido por todo el territorio, no olvidan su lugar de nacimiento.

No obstante, es casi imposible pensar en el tango y no recordar alguna palabra del lunfardo o no asociarlo directamente con él, porque, si bien no son lo mismo, sí son primos hermanos e, innegablemente, van de la mano.

Regresemos con nuestra imaginación a los conventillos de los años 20. El tano, con su nostalgia, sentado bajo la sombra de un sauce tomando mate, de pronto, saca el bandoneón y entona algunas melodías; otros se unen a él. Extranjeros y argentinos, con los sentimientos a flor de piel y mezcolanza de vocablos, van uniendo sus voces. Estamos en los inicios del tango, que, como ya sabemos, nace también del arrabal. Los temas que se cantan son recurrentes: desamor, añoranza, tristeza, cafishos, prostitutas, compadritos, etcétera.

Tomaremos algunas frases de las letras de tangos y analizaremos los términos que pertenecen al lunfardo, pues aquí su sentido adquiere otra dimensión:

Se dio juego de remanye
cuando vos pobre percanta
gambeteabas la pobreza
en el barrio de pensión,
hoy sos toda una bacana
la vida te ríe y canta
los morlacos del otario
los tirás a la marchanta
como juega el gato maula
con el mísero ratón.

«Mano a mano» de Celedonio Esteban Flores

Sos un malevo sin lengue,
sin pinta ni compadrada,
sin melena recortada,
sin milonga y sin canyengue.

«El malevo» de María Luisa Carnelli y Mario Castro

afanar, hurtar, estafar, robar.

gil, dicho de una persona, simple, tonto.

remaye, conocimiento cabal de una persona o una acción. // Entender bien algo.

bacana, mujer por antonomasia, concubina respecto de su hombre. // Mujer rica, pudiente, que vive en la abundancia; elegante, pintona, gran señora. // Antiguamente se llamaba bacana a la regente o dueña de un prostíbulo, pero ha caído en desuso.

percanta, amante, concubina respecto de su compañero. Vocablo con un sentido peyorativo y burlón que proviene del italiano *percalera*, «mujer humilde»; por lo tanto, al llegar a las tierras bonaerenses, se utilizó para denominar a las prostitutas.

gambeteabas, gambeta: movimiento que se hace con las piernas jugándolas y cruzándolas con aire, para regatear el cuerpo a fin de eludir algo, como un golpe o una persona.

morlaco, peso, unidad monetaria.

otario, tonto, imbécil, papanatas, infeliz, falto de espíritu. // Persona de poca experiencia en la vida. // Hombre al que las mujeres licenciosas le sacan su dinero, fácil de embaucar.

marchanta (a la), tirar a la marchanta, arrojar dinero, golosinas u objetos entre varias personas para que los hagan suyos los primeros que lo tomen. // Despilfarrar dinero, malgastar.

gato, persona que vale poco, pobre, un infeliz: «Es un pobre gato».

maula, miedoso, cobarde —es muy despectivo—, cosa inútil y despreciable.

lengue, pañuelo que el hombre lleva anudado al cuello, también se le denomina *goliya*.

compadrada, actitud de alardear, jactarse de sí mismo.

milonga, tonada popular, antecesora del tango. // Reprochar, cantinela, palabrería que cansa, discusión o riña.

canyengue, afronegrismo que comenzó a utilizarse para nombrar el ritmo del tango. // Arrabalero, orillero, del bajo fondo. ☞

Pequeño diccionario de ornitología popular

En el habla común de los mexicanos abundan palabras y dichos cuyo significado informal responde a necesidades de afirmación generacional o propósitos meramente expresivos. Esta terminología, que consiste más en un argot que en una jerga, se funda en la habilidad de asociar ideas y en la yuxtaposición de imágenes o analogías, propias de la idiosincrasia mexicana. Una de las áreas cubiertas por esta tendencia es la que emplea referencias zoológicas y, sobre todo, de aves.

La función de este «aviario lingüístico» no es, por supuesto, didáctica. Se trata sólo de un repaso por algunos de los ejemplos que, a ojo de pájaro, se antojan más frecuentes. Cerremos, pues, el pico y recorramos esta relación de cacareos que, como se verá, puede leerse de volada.

águila, *adj.* —del vulg. *abusado* y éste del part. de *aguzar*, «perspicaz»—. Ave de cualquier especie que, al requerírsele especial atención a un hecho inminente, experimenta una asombrosa metamorfosis a nivel psicosomático que lo habilita para superar cualquier contingencia y evitar, de paso, que otro más águila se lo coma vivo. // *m.* Representación metálica de la fatalidad cuya caída en picada es temida por todo aquel que pide «sol».

arpía, *f.* Rapaz de extraordinaria capacidad para sacar provecho de determinada situación con base en su astucia y marrullería. Su población es común en cualquier ecosistema y sus ejemplares, todos pertenecientes al género femenino, se especializan en la caza de machos de otras especies.

ave de mal agüero, *m.* Término científico con el que se denomina a una especie de canora cuyas facultades para anunciar desgracias le han dado fama y un lugar preeminente en la aversión de quienes aún tienen fe en el futuro. Sus principales características son su ubicuidad y el escaso margen de error en sus infaustos pronósticos.

ave de paso, *m.* Ave eminentemente migratoria que mora en lugares diferentes durante cortos periodos. Gracias a su desarrollado sentido de adaptación, no es raro que se le confunda con cualquier otra especie sedentaria. Sin embargo, se sabe que este tipo de camuflaje sólo lo utiliza mientras consume los recursos del ecosistema. Aunque de naturaleza errática y bajo nivel de compromiso, es peligrosamente apta para la procreación.

ave de rapiña, *m.* Rapaz de visión aguda, vuelo rápido y garras sumamente largas. Dueña de una astucia alevosa y experimentada, abarca todos los ámbitos, amenazando tanto la propiedad privada como los bienes públicos. Omnívora y oportunista, su campo de acción se extiende desde una visita en casa ajena hasta un sexenio entero.

ave mariapurísima, *m.* Ejemplar único en su especie cuya invocación responde a un hecho alarmante o a una noticia sorpresiva. Anida en el inconsciente colectivo y en el desconcierto de un distinguido sector de la población habituado a las muletillas.

buitre, *m.* Rapaz envidiosa, perversa y aficionada a la carroña. Los ejemplares de esta especie se mueven en bandadas y se congregan en torno a cualquier desgracia para recrearse en el sufrimiento ajeno, así se trate de uno de sus propios miembros.

cacatúa, *f.* Trepadora psitaciforme reconocida por su propensión a la oratoria y una longevidad excepcional. Su empeño en disimular los estragos de la edad la convierte en un ejemplar altamente apreciado por estilistas, cirujanos plásticos y empresas transnacionales de productos cosméticos.

cardenal, *m.* Ave de plumaje ostentoso que vive en celibato y es común en todos los continentes. Pese a no tener huevos, ocupa nidos voluminosos y extravagantes. Su sitio eminente en la escala social y un manual de buenas maneras aprendido de memoria lo convierten en una referencia tanto moral como filosófica, no así política.

chachalaca, *f.* Gallinácea hasta hace poco tiempo en peligro de extinción, pero que hace unos meses volvió a estar en auge. La vocinglería de estos especímenes produce fastidio o somnolencia y llega a ser un verdadero atentado contra su propia popularidad.

chorlito, cabeza de, *m.* Limícola de criterio reducido y perfil psicológico homogéneo. La poca voluntad de esta especie para comprender una situación se presenta a muy temprana edad y va acentuándose conforme se desarrolla, hasta que alcanza una sofisticación única en el reino animal. Abunda sobre todo en comités vecinales e instituciones privadas de educación media y superior.

cigüeña, *f.* Nombre común de ciertas aves dedicadas al tráfico de bebés. Originarias del viejo continente, su forma de vida se encuentra amenazada por el sexo natural, la adopción, la inseminación artificial y los aviones.

cotorra, *f.* Ave del orden de las psitaciformes con facultades para la habladuría y la tergiversación de los acontecimientos, las cuales se incrementan al contacto con otras de su especie. Sus principales medios de subsistencia son la vida de los demás —verídica o ficticia— y el ejercicio mismo del chisme.

cotorra amargada, *f.* Aquella que por poco agraciada, o bien, por que los padres no la dejaron ni asomarse a la puerta, «se queda a vestir santos» o a dar clases los sábados a los niños del catecismo. Por lo regular de edad madura y no falta a misa los domingos.

cotorro, *adj.* —del vulg. *cotorro,* «gracioso»—. Aquel que presenta involuntarias aptitudes para entretener o divertir a los demás. Las aves de esta naturaleza a menudo consiguen lo que para otras es bastante difícil, ya sea un alto *rating* o la atención fehaciente, aunque transitoria, de las hembras.

cuervos oculófagos, *m.* —de la exp. «cría cuervos y te sacarán los ojos»—. Paseriformes canoras cuya esmerada empolladura provoca un resultado contraproducente. Apenas alcanzada la madurez, los miembros de esta especie desarrollan un apetito particular por los globos oculares de sus criadores, quienes muchas veces encubren antecedentes similares.

divina garza, *f.* Ave zancuda con serios problemas de identidad. Padece un extraño trauma originado por un súbito evento anecdótico que le hace concebirse como un ser superior, emparentado con las más encumbradas estirpes celestiales.

flamenco, *adj.* Que echa flamas. // Dícese del ave que reacciona exacerbadamente ante un hecho que atenta contra su opinión personal o la excesiva valoración que tiene de sí misma. La irritabilidad de estas aves se agrava por la acumulación de estrés, las últimas tendencias de la moda y el sobrecalentamiento global.

gallina, *adj.* Macho aficionado a comportarse como hembra. // *m.* Ave cobarde, pusilánime y tímida a la que cualquier riesgo, por muy leve que sea, le representa la oportunidad idónea para exhibir dichas cualidades.

gallinita ciega, *f.* Pequeña ave con dificultades para ver. Esta discapacidad no le impide, sin embargo, moverse en un reducido hábitat a la caza de presas, por lo regular algún cabeza de chorlito —v. *chorlito, cabeza de*—, cuya captura es un milagro pocas veces visto en la naturaleza. La presa se convierte en una gallinita ciega como la primera y esta última, a su vez, se alivia absolutamente de su ceguera. Pese a lo maravilloso del caso, investigaciones conducidas por la Fundación para las Letras Mexicanas —FLM— han demostrado que en realidad la gallinita no es invidente y que su estado obedece a la simple razón de que algún fanático de la psicología conductual le puso una venda en sus ojitos.

gallo, *m.* Arrogante ejemplar del orden de las galliformes habituado a imponer su voluntad y a reaccionar violentamente ante el más mínimo percance. // Ave exótica y terapéutica muy presente en las islas de CU y en El Chopo, estimada tanto por artistas incompetentes como por incompetentes a secas. // Avecilla chillona que mora en la joven garganta de los adolescentes y que en el momento menos oportuno —por ejemplo, un examen oral— asoma alegre y estridentemente. // Pequeño y vistoso espécimen que anida en la coronilla de los desmañanados y los presidentes legítimos.

guacamaya, *f.* Especie endémica del Bajío mexicano. Regularmente se le encuentra en las plazas públicas o jardines de colonias populares, suele estar acompañada de una salsa muy picante y servida en un bolillo con chicharrón de cerdo. Los valientes la comen sola.

guajolota, *f.* Especie endémica de la capital del país que se encuentra en la base de la cadena alimenticia. Abundante y matutina, anida por docenas en mercados populares y cruces de avenidas. Su masiva población es valorada por las masas, gracias a la masa que reside entre sus dos masas.

güila, *f.* Ave por lo general nocturna, cuya disponibilidad carnal responde al poder adquisitivo del macho que, atraído por su vistoso plumaje, se le acerca con fines de apareamiento. // Especie de ave silvestre que vive en continuo estado de celo. De naturaleza promiscua y migratoria, es resistente a la domesticación y devoradora de pájaros de cualquier especie.

mamá de los pollitos, la, *f.* Gallinácea de naturaleza ambivalente. La primera, que es la predominante, consiste en adoptar una actitud explotadora y arbitraria hacia miembros tanto de otras especies como de la propia. La segunda, que es menos frecuente, simplemente se basa en una sobreprotección constante hacia individuos de menor envergadura.

pájaro de cuenta, *m.* Ave omnívora de dudosa reputación que es repudiada por el resto de las especies por sus hábitos fascinerosos y predatorios. Su población está bastante extendida a todo lo largo del espectro social, aunque es más fácil encontrarla en tugurios de mala muerte e instituciones penales.

pájaro en mano, *m.* Ave de cualquier especie que actúa como usufructo compensatorio para quien no obtiene una ganancia acorde con sus esfuerzos. Por su naturaleza doméstica y popular, nadie es capaz de rechazar uno de estos especímenes por el riesgo de verse inexorablemente privado de la parvada entera.

pájaro nalgón, *m.* Dícese de una especie de ave exótica que en sus periodos de celo exhibe un atractivo y/o facultades incomparables, pero que, apenas consigue lo que pretende, revela una naturaleza mezquina y deficiente. El adjetivo *nalgón* hace referencia, más que a un rasgo físico, a una postura artificial y pretenciosa.

pájaros en el alambre, *m.* Conjunto de paseriformes especialistas en actividades de espionaje. Ubicuos y numerosos, todo lo que se sabe sobre ellos proviene de fuentes que no nos es permitido mencionar aquí, ya que se trata de información confidencial que, de darse a conocer, podría ser usada en detrimento de la democracia, la libertad de expresión y el estado de derecho.

paloma cucurrucucú, *f.* Columbiforme triste que, muy de mañana, acude a la casita sola de un fulano víctima de una pasión mortal a causa de una fulana desdichada. Júrase que esa paloma no es otra cosa sino el alma del primero que todavía, en pleno siglo XXI, espera a que regrese la segunda.

pato, *m.* Palmípedo de pocas luces y sin gracia que es regularmente víctima de gallos y buitres que se sienten la mamá de los pollitos —v. *mamá de los pollitos, la*—. // Individuo de cualquier especie que, ante una contingencia que exige su acción u opinión expeditas, opta por asumir una actitud medrosa y/o desinformada.

perico, pericazo, *m.* —del «o-sea date» y el «va-que-va un tren»—. Especie albina muy presente en *raves*, fiestas privadas, «antros bien» y barrios de mala fama. Aunque las autoridades afirman que está por extinguirse, se sabe que su difusión alcanza al mismo seno del aparato gubernamental.

pollito, echarse un, *tr.* Interactuar íntimamente con otro(a), con base en las aptitudes físicas correspondientes y sin fines reproductivos. La fenomenología de esta actividad, eminentemente recreativa, puede resumirse en gorjeo, picoteo, aleteo, regurgitación, desplumadura y vuelo rápido.

pollo, *m.* Llámese al plumífero de cualquier sexo con quien se comparten los púberes placeres del descubrimiento carnal, mientras se le mantiene convencido de la existencia de un vínculo emocional que, por mucho, alcanza los dos meses.

tecolote, *m.* Estrigiforme diuturna cuyos hábitos principales —camuflados bajo la forma de protección vehicular— son la diaria ingestión de guajolotas —v. *guajolota*— y la caza de automovilistas despistados, de quienes obtiene los recursos para granjearse lo primero y la estimulación necesaria para insistir en lo segundo. // Rapaz nocturna y suburbana cuyo canto es la presunta causa principal de decesos indígenas.

tórtolos, *m.* Aves del orden de las columbiformes que viven en permanente estado de celo. Monógamos y fantasiosos, son comunes en parques, cines y hoteles de paso. Su afiebrado comportamiento los hace especialmente inmunes a la opinión pública, los cambios climáticos y el sentido común.

urraca, *f.* Ave de carácter inestable con aptitudes para el fastidio auditivo de quienes la rodean. Dueña de una fealdad memorable, acostumbra devorar yernos y arruinar cualquier situación con su canto disonante y quejumbroso. Es inoportuna, insidiosa y, al parecer, inmortal. Lo peor es cuando aprende a hablar. ☺

Mudar verbo es elegancia

Desde su nacimiento, el 20 de noviembre de 1993, uno de los más conocidos y populares diarios de la ciudad de México ha sido objeto de críticas diversas en el ámbito periodístico. Más allá de las importantes cuestiones ideológicas y de fondo, dicho medio impreso se ha caracterizado por una redacción muy poco pulcra y en ocasiones francamente macarrónica, por lo que se ha ganado numerosas reprimendas, sobre todo por la escasa calidad e inventiva —por no hablar de claridad— de sus cabezas.

Pocos lectores, sin embargo, han puesto el dedo adecuado en la llaga específica del mal que aqueja a los encabezados de este afamado diario. Por mera curiosidad, un buen día lo compré —ya que no lo leo cotidianamente— para revisar un poco más a fondo la cefalopatía que aqueja a todas sus secciones.

He aquí, para regocijo de los lectores de *Está en chino*, una selecta lista de las cabezas de la primera sección —sólo la primera sección— de ese día —5 de julio de 2007.[1]

Golpea reforma altruismo

Entierra deslave a autobús

Solicitan también *antidoping* a maestros

Sale secretario de Gobierno de NL

Acepta FAP negociar

Enfrenta semarnat litigios por permisos

Prevé titular de Sectur playas sucias por lluvia

Critican diputados política ambiental

Desciende pobreza... a ritmo de 0.3%

Regresa grupo admirando a Hugo Chávez

Abre PRD juicio contra Monreal

Reconoce SRE costos por el pleito con Cuba

Culpan a Amalia de derrota

Respalda Garzón batalla antinarco

Atribuyen a corrupción subdesarrollo en AL

Indaga SFP negocios de Zhenli en México

---

1 La lista de cabezas que aparece en *Algarabía* 13, mayo-junio 2004, ESTÁ EN CHINO: «Mudar verbo es elegancia»; pp. 10-12, son del 20 de noviembre de 2003.

Integran frente contra Gordillo

Llama rector de UIA a superar discordias

Impulsan estudios de ciencia

Construye la PFP base en Iztapalapa

Urgen a capacitar al ejército en DH

Permanece en suspenso vencedor en Chihuahua

Amagan los mineros con un paro

De la enumeración anterior se desprende con claridad meridiana el hecho evidente de que la consigna de sus cabezas es con el verbo por delante, cueste lo que cueste. No me cabe duda de que esta manía verbal es una de las causas principales por las que su lectura es tan difícil y agotadora, ya que el fenómeno se repite, idéntico, en todas y cada una de sus secciones. ¿No se supone que una de las cualidades del buen periodismo es la elegancia en la redacción? Y si de ello se trata, vale la pena recordar una de las mejores frases de don Francisco de Quevedo y Villegas, referida a la variedad en la expresión escrita: «Mudar verbo es elegancia».

Mucho me temo que si este pasquín hubiera existido en el Siglo de Oro español, sin duda, la jefatura de redacción habría enviado a una de sus noveles reporteras a la conferencia de prensa en la que don Francisco diera noticia de sus teorías literarias. El reporte de la conferencia aparecería puntual en su magra y desangelada sección cultural, bajo esta cabeza:

Muda Quevedo verbo. ☙

La sabiduría en un camión

HR-90-233
Si Me dejas Me Vale

Hemos querido rescatar algunas máximas y dichos,[1] que
suelen verse en las defensas
de los camiones; letreros jocosos, irónicos, quejosos, albureros,
machistas o piroperos, que toman la forma de frases sentenciosas
que terminan por sacarle una sonrisa a la rutina. Opúsculos entre-
tenidos y auténtica *vox populi* que da cuenta de la sabiduría popular,
literalmente, sobre ruedas.

---

1 Muchas de estas frases fueron compiladas por Edmundo González Llaca y
publicadas en «Políticos y camioneros», *Excélsior*, diciembre 2005.

Un muy justo reclamo:
«Dices que me quieres y me traes trabajando».

Es un paranoico o da un buen consejo:
«No me sigas, que voy perdido».

En una camioneta pintada de rojo:
«Colorada, pero no de vergüenza».

En un camión que llevaba arena, una aclaración tal vez innecesaria:
«Materialista, pero no dialéctico».

La educación como medio de ascenso social sigue teniendo
su reconocimiento:
«Todo por no estudiar».

Advertencia o presunción:
«¡Cuidado! Paradas continuas».

En un viejísimo camión de carga, la coartada a la imposibilidad:
«Los valientes no corremos».

Una promoción personal y una falta de ortografía en una
camioneta con alfalfa:
«No *ay* amor más sincero que el de un ranchero».

Una denuncia que enorgullece:
«Ése fue, mamá…».

Sin palabras:
«Sólo en las curvas y en los hoyos me detengo».

El posesivo:
«Si no regreso, te vas de monja».

El muy seguro de sí mismo:
«Nada más me ves y tiemblas».

Algo muy normal en la sociedad de consumo:
«Por seguir tus pasos acabé mis pesos».

El albur no falta:
«Si voy despacio, tócame la corneta».

Varias interpretaciones:
«Aunque sea para frijoles… pero saco».

Lacónico chofer de un camión de mudanza:
«Esto urge».

¿Será un *homo ludens* o «eróticus»?:
«Jugamos…».

Una pregunta sugerente:
«¿No habrá modo?».

Con tal desencanto y profundidad, que podría firmarlo Nietzsche:
«Cansado de seguir la línea».

En un camión destartalado y sin pintar:
«Es más triste andar a pie».

No sabemos si la afirmación de la identidad incluye la ostentación de la mala ortografía:
«*Asy* soy y qué».

Una verdad brutal:
«Dios perdona… el tiempo, no».

Sincero:
«¡Qué pinche hueva!».

La lógica de Descartes se queda corta:
**«Si las mujeres fueran buenas…
Dios tendría una».** ☺

Los letreros del Parque México

Construido en 1927 para embe-
llecer la, ya de por sí hermosa,
colonia Hipódromo Condesa
—hoy la decadente *Condechi*—, el Parque México aún conserva
signos del estilo de vida de la época en la que fue inaugurado, es decir,
la primera mitad del siglo XX, tiempo en el que heredó varios usos y
costumbres de la era porfiriana, sobre todo en materia de urbanidad
y buenos modales.

Este parque, cuyo nombre oficial es Parque General San Martín,
cuenta con singulares letreros, grabados en piedra, que exhortan a
los paseantes a cuidar el área en el lenguaje estilizado de la época,
cuando la clase social se demostraba no sólo por el lugar donde se

vivía, el apellido que se ostentaba o la cuna en la que se había nacido, sino por la forma de hablar.

> Los perros maltratan seriamente un parque:
> tráigalos vd. amarrados.

Se trata de un modo de expresarse en el que se abusa de la perífrasis o circunlocución, con adornos lexicales y que trata al público con mucho respeto. La intención de estos letreros es educar, y aunque hoy en día podría parecernos risible o ingenua, en realidad es un reflejo de la sociedad de los años 20.

> Eduque vd. a sus hijos en el amor a la naturaleza,
> enseñándoles la conservación de este parque.

MANUALES DE URBANIDAD Y BUENOS MODALES

Durante la segunda mitad del siglo XIX, la sociedad burguesa de México —y de muchos otros países— adoptó usos y costumbres franceses que se vieron reflejados en la arquitectura —por ejemplo, el Palacio de Bellas Artes, la Columna de la Independencia, el Palacio de Correos y la sede actual de la Secretaría de Gobernación— y, por supuesto, en la educación.

> Este parque se ha hecho para vd. y para sus hijos;
> cuídelo como cosa propia.

El Estado se irguió como el preceptor más grande, cuyo fin último era alinear al pueblo a través del civismo, la urbanidad y los buenos modales. La educación no estaba al alcance de todos; sin embargo, logró llegar a la clase burguesa, que se encargó de transmitirla a sus herederos, lo que permitió que sus usos y costumbres sobrevivieran aun después del porfirismo.

La educación, los rituales y prácticas sociales, así como las reglas de conducta, constituyeron una forma de identidad social. Estos hábitos o valores se transmitían por medio de mensajes enviados a través de periódicos, artículos de revistas y manuales de urbanidad, moralidad o etiqueta.

> Todas las indicaciones que vd. haga a sus hijos para respetar este parque, elevarán su nivel moral y su cultura.

Algunos de estos compendios son: *Tratado de la educación de las jóvenes*, de don Francisco de Salignac de la Motte Fenelon (Madrid, 1769); *Discurso sobre la educación física y moral de las mujeres*, de Josefa Amar y Borbón (Zaragoza, 1790); *Cartas sobre la educación del bello sexo* (Londres, 1824), escrito por la viajera estadounidense R. Ackermann; *Manual de las mujeres*, del francés Verdollin (México, 1881); y *Manual de urbanidad y buenas maneras*, del venezolano Manuel Antonio Carreño, publicado en 1853 e insertado en el proceso de construcción nacional. Este sumario, cargado de ideas europeas, tenía la intención de acabar con la barbarie de los países de América del Sur mediante la asimilación de la cultura europea.

Sin embargo, en México sobresale el manual titulado *Máximas de buena conducta* del queretano Pedro Antonio de Septién Montero y Austri, impreso después de declarada la Independencia y dedicado a la sociedad queretana, en particular a la juventud, por ser ésta la etapa «más arriesgada y más expuesta a la perversión y al engaño». El objetivo era que los niños de la nueva nación independiente aprendieran a ser «políticos cristianos».

> El respeto a los árboles, a las plantas y al pasto; es signo inequívoco de cultura.

La escuela, fuente del saber

En las escuelas también se hacía énfasis en la urbanidad, los buenos modales y, claro, la forma adecuada de expresarse. La educación era más humanista que técnica.

Lucía Martínez Moctezuma[1] detalla en un cuadro las asignaturas que la Escuela Oficial de Instrucción Primaria Elemental del D. F. y territorios federales impartía a los niños durante el periodo 1905-1907, entre las que destacan lectura, geografía, historia patria, aritmética y, muy importante, instrucción cívica. Además, los maestros aplicaban ejercicios de lectura en voz alta cronometrada, con la intención de que los niños tuvieran un lenguaje fluido y correcto. En cuanto a la escritura, se enseñaba el método Palmer de caligrafía, porque no sólo debían escribir bien, sino con elegancia.

> En este parque hay un sitio especial para que los niños jueguen. No permita que sus hijos jueguen fuera de él.

Costumbres grabadas en piedra

De aquellas «buenas costumbres» ya no se conserva ninguna. Sólo quedan algunos ejemplos escritos en piedra, en los letreros del Parque México, en libros de aquellos ayeres o en cartas de algún volumen histórico que muestran el estilo propio de la época.

> Arrojar basura ó cáscaras de fruta desdice mucho de la cultura y urbanidad de cualquier persona.

---

1 Lucía Martínez Moctezuma, «Educar fuera del aula: los paseos culturales durante el porfiriato», en *Revista Mexicana de Instrucción Educativa*, núm. 15, vol. 7, mayo-agosto 2002; pp. 279-302.

En la actualidad parece que las escuelas ya no hacen énfasis en aspectos como la lectura o la redacción, y la forma de hablar es más directa: vamos al grano. Si hacemos una comparación de los letreros del Parque México con los que ahora vemos, podremos darnos cuenta de la diferencia. Para empezar, nuestro lenguaje es más icónico que verbal —ejemplo de ello son los señalamientos de no estacionarse, no permitir que las mascotas hagan sus necesidades en las vías públicas— y, si se trata de palabras, somos precisos: «No pisar el pasto», «No tirar basura», etcétera. Y ni hablar de la mala caligrafía y las faltas ortográficas que frecuentemente encontramos, muestra de la actual falta de interés de las escuelas o de los alumnos por insistir en la correcta escritura.

Hoy en día somos una sociedad que necesita información precisa, concreta y sin redundancias. Quizá estamos hartos de tanto bombardeo de mensajes, tal vez no nos interesa, o, ¿acaso carecemos de buenas costumbres y urbanidad? ☺

Suplicamos hacer de las bancas el uso apropiado.

En el nombre de Eufemio

eufemismo proviene del latín *euphemismus* y éste del griego εὐφημισμός /*eufeemismós*/; significa «manifestación suave o decorosa de ideas cuya recta y franca expresión sería dura o malsonante». En un espíritu etimológico estricto, la traducción de eufemismo sería «el buen modo de hablar». Más coloquialmente, algunos textos lo definen como «palabras felices».

Hace tres lustros, cuando yo trabajaba en la empresa estatal de televisión conocida entonces como Imevisión, el director en turno me llamó —cosa insólita— a su oficina y, muy amable, me invitó a tomar asiento para decirme algo que iba más o menos así:

«Juan Arturo, además de felicitarlo por su trabajo, quiero informarle que estamos implementando un proceso de redimensionamiento de la institución para optimizar su rendimiento y potenciar su adecuación a las nuevas políticas de autosustentabilidad».

Quedé atónito ante esta plurisilábica verborrea, cuyo resultado neto fue que al día siguiente ya no tenía trabajo. Poco después, una amiga me encontró en un café, meditabundo y cabizbajo y analizando mis opciones laborales inmediatas. Con femenina intuición me preguntó:

—¿Te quedaste sin chamba? —y yo, muy al estilo de los tiempos, le respondí:

—No. Lo que pasa es que me redimensionaron.

Bienvenidos al mundo kafkiano y surrealista del eufemismo, añejo y ubicuo sistema diseñado por el hombre y adoptado por el mexicano para usar el lenguaje y las palabras con el objetivo primordial de desviar, ocultar y evadir la realidad.

No creo que sea casualidad que una parte sustancial de la cultura —o incultura, quizá— del eufemismo provenga del mundo de la política y la vida pública, donde el ocultamiento es una de las herramientas básicas para mantener a las masas desinformadas, desorientadas y apropiadamente entretenidas. Pero, el problema se ha extendido y el mundo del entretenimiento proporciona también una importante veta de eufemismos. La mayoría son generados por esa especie de buitres carroñeros que conducen los programas radiofónicos y televisivos dedicados a lucrar con el peculiar oficio de espiar en las camas y la ropa interior de «los famosos», y hablan de que a Perenganita se le ve una «bubi» en su más reciente video o de que un habitante de un *reality show* enseñó las «pompis». Porque, sepa usted que en

México, la anatomía ha cambiado de manera tan radical que hoy ya no tenemos ni «nalgas», ni «glúteos», ni «senos», ni «pechos», ni mucho menos «tetas» o «culo», como los españoles y los argentinos, sino meras «bubis» y «pompis».

Y si de asuntos del cuerpo se trata, es notable también confirmar cómo hemos avanzado en el tratamiento —al menos verbal— de toda clase de disfunciones. Hace apenas unas décadas existían en el mundo numerosas personas inválidas, hasta que, en los albores de la era de la corrección política, alguien decidió que decirle *inválido* a un inválido era horrible. Así, primero los ascendimos a «minusválidos» y luego a «discapacitados», pero, como ninguno de ellos se curó con esas etiquetas, decidimos convertirlos finalmente en «personas con capacidades especiales». Sé que el sujeto parapléjico, ciego o con síndrome de Down está feliz de saber que tiene capacidades especiales... Pero, ¿qué he dicho? ¡Horror! ¿Utilicé la palabra *ciego*? Había olvidado que en este país, venturosamente, ya no hay ciegos, sólo tenemos «invidentes» o «débiles visuales», y todos están, sin duda, muy orgullosos de su nuevo estatus.

En la misma línea de pensamiento reconforta el hecho de que, aun cuando estamos ciertos de que el maestro Fulano se está muriendo de cirrosis hepática combinada con insuficiencia renal, angina de pecho y un reciente derrame cerebral, nos hagan saber que se encuentra en «delicado estado de salud». ¡Maestro, alíviese pronto! Y si el prócer de antaño se nos muere, los periodistas nos informarán, apesadumbrados, que el ilustre personaje falleció «después de una penosa enfermedad» o, simplemente, «se nos adelantó». Morirse de una penosa enfermedad siempre es penoso, pero más lamentable es asistir durante meses a la exhibición pública de alguno de nuestros políticos que, después de ser indiciado por fraude, cohecho, corrupción de menores, delitos electorales, peculado, falsificación de documentos, usurpación de funciones y falsedad en declaraciones rendidas a una autoridad distinta de la judicial —*sic* de los leguleyos—, termina renunciando a su jugoso y lucrativo puesto gubernamental «por motivos de salud» o «por así convenir a sus intereses».

Si de la palabrería como cortina de humo se trata, pocas áreas más fértiles para el eufemismo que la sexualidad. Me pregunto a quién se le habrá ocurrido en primera instancia llamar a las prostitutas «mujeres de la vida alegre». La historia demuestra que sus vidas son cualquier cosa menos alegres y, ciertamente, tampoco son «de la vida fácil», como algunos policías y funcionarios delegacionales quisieran hacernos creer. En el otro extremo, la mal entendida corrección política de llamarles *sexoservidoras* tampoco ayuda mucho a entender claramente el papel de la prostitución en la sociedad actual.

Por la misma razón, me parece igualmente atroz la expresión «de costumbres raras» para referirse a los homosexuales, porque costumbres raras, creo que todos tenemos algunas, que nada tienen que ver con nuestras preferencias sexuales. Asimismo, si los homosexuales se autodenominan *gays* o, en una expresión particularmente desafortunada, «de ambiente», ¿debemos entender que los heterosexuales somos necesariamente tristes y, además, sosos y aburridos?

En este mismo terreno, y ya no tanto en la arena pública, sino en el ámbito de lo privado, hay ocasiones en que el eufemismo se utiliza con fines más nobles —a propósito, ¿a quién se le habrá ocurrido el notable eufemismo «partes nobles» para nombrar los genitales?— que la discriminación sexual velada. Conocí hace tiempo a una pareja de amantes que, por complicadas circunstancias de tiempo y espacio, tenían pocas oportunidades de reunirse, así que, cuando se ponían en contacto con el objeto de comer juntos, tomarse una copa o ir al cine, se proponían: «¿Nos vemos?», pero cuando se les presentaba, muy esporádicamente, la oportunidad del encuentro erótico, la propuesta era: «¿Nos vemos, vemos?».

El submundo policiaco es también otra rica fuente de eufemismos que, si es notable entre los esforzados guardianes del orden público, no lo es menos entre los presuntos responsables —no les llamo *criminales*, porque me pueden demandar—. A continuación dos lindos ejemplos:

❖ en un programa de televisión, un reportero hizo una encuesta en una cárcel —perdón, «centro de readaptación social»— para averiguar por qué delitos estaban presos —perdón, otra vez, «internos»— los encuestados. Un número significativo respondió: «Por choque». Más adelante supe que todos estos «chocadores» habían matado a un diverso número de transeúntes al manejar sus carcachas en avanzado estado de ebriedad.

❖ en un reportaje encontré que se entrevistaba a un «interno» y que, al preguntársele sobre las causas de su reclusión, respondió crípticamente: «Tengo una víctima». ¡Claro! Las palabras «maté a un fulano» son demasiado brutales... quizá más crueles que los tubazos en el cráneo con los que el entrevistado «tuvo» a su víctima.

Al menos podemos tener la tranquilidad de que en nuestros centros de readaptación social no hay un solo narcotraficante interno —y tampoco afuera—, porque los narcos son ahora «presuntos responsables de delitos contra la salud».

No se crea, sin embargo, que todo es desazón en el mundo del eufemismo, que también tiene su lado bueno. Sin ir más lejos, esta mañana, antes de sentarme a escribir este eufemístico texto, me sentí juvenil, fresco y renovado: al mirarme al espejo me di cuenta de que ya no tengo arrugas en la cara, sino que mi rostro está surcado por «líneas de expresión». Esto me da gusto, porque indica, claramente, que no estoy en vías de convertirme en un «viejo, ruco, anciano, senil o senecto»; más bien, estoy en el umbral de ser un «adulto en plenitud». ☺

Palabras matapasiones y otras desgracias

Aalgunos nos gustan las palabras. A unos más que a otros y seguro unas palabras más que otras. Pero también nos disgustan, ya sea por lo que significan, por quién nos las dice o por cómo suenan. Por ejemplo, rechazamos términos como *autopsia*, *forense*, *cadáver*, *cucaracha*, *catéter*, *vómito*, *diarrea* o *heces fecales*, porque nos remiten a enfermedades, muerte o cosas que nos causan repulsión. O bien, percibimos como un insulto que nos digan: «¡Qué buena estás, mamacita!», porque quien lo hace nos es desagradable. Y, en el caso del sonido, es claro que pronunciar el término *rígido* no produce el mismo efecto agradable que decir *azul*,[1] ni tampoco *diarrea*, *enjuto*, *barriga* o *edema*.

Este apartado es sobre las palabras que no solamente son feas —por sus sonidos y/o significado—, sino de algunas que rebasan este punto, que intervienen en el momento menos adecuado, que interrumpen y detonan, que delatan y, por ende, matan cualquier pasión; por ello, las hemos llamado «palabras matapasiones», es decir, ésas que te hacen parecer repulsivo y, muchas veces, rompen con el encanto. Es difícil decir si son matapasiones por quién las dice, por cómo las dice o si son inevitablemente horribles y el lector podrá pensar, y con justa razón, que esto es una ridiculez, pero sucede.

En el resultado de las palabras seleccionadas como finalistas en cuanto a su sonido, descubrí palabras con *p*, las terminadas en *-ón*, las que contienen doble *rr* y también las de terminación en *-ete*, pero la variedad es infinita y depende mucho del gusto fonético de cada quien. También están aquellas que son eufemismos de baja o mala reputación o que, simplemente, denotan cosas muy desagradables.

Mi selección es completamente arbitraria, pero estarán de acuerdo ustedes, queridos lectores, en que si bien palabras como *razón* y *corazón* se antojan tanto poderosas como poéticas, las palabras *requesón*, *punzón* o *retortijón* resultan poco agraciadas. ¿Será por lo que nos significan? Lo mismo pasa con palabras como: *regurgitar*, *zorrajar*, *zurrar*, *seborrea* y, mi favorita, *verruga*. Piensen en el cuadro: «Hola, mi amor; mira mi *verruga*». ¡Auxilio!

La *rr* es más peligrosa de lo que nos podemos imaginar, no solamente por ser un fonema raro y complejo —muy de la lengua española—, sino porque puede deformar o echar por la borda cualquier palabra y, así, cualquier discurso, por profundo que sea.

---

1 Ésa es la misma razón por la que nos gustan o nos disgustan ciertas lenguas, como el alemán, holandés, chino o francés.

He de mencionar que, en uno de esos discursos sentimentales de secundaria —planeado la noche anterior—, que aún no le perdono a mi lengua —a la que tengo en la boca—, le dije al objeto de mi afecto: «¿Qué te sientes?, ¿qué crees que no me da *corraje*?». En ese momento, mi discurso, mi relación y, por supuesto, mi dignidad se fueron al caño. Desde entonces prefiero decir *me encabrona* en lugar de *me da coraje*, no vaya a ser.

Regresando a *verruga*, no conforme con lo desafortunado de la palabra, hay un apellido que es Berruguete y también una calle en la zona de Virreyes —más *rr*— con ese nombre; lo mismo hay una calle de Tinaco y otra de Revillagigedo. Todas suenan muy mal. Así, me pongo a pensar en la siguiente hipótesis: una pareja que se conoce por Internet finalmente decide verse: «Paso por ti hoy, ¿cuál es tu dirección?», a lo que la otra persona responde: «Berruguete 400». ¿Qué se imagina usted que tendrá en la nariz la del 400?

Lo mismo pasa con otras palabras terminadas en -*ete*. La escena que plantearíamos sería la de una rubia hermosa con ojos extraordinarios y senos perfectos que acaba de ser madre y le dice a su hombre: «Todo va muy bien, ahora que estamos en la etapa del *destete*». ¿*Destete*? ¡Pero si lo que más nos gustaba era precisamente esa parte que ahora nos está mutilando verbalmente! Los hermosos senos se convirtieron en un par de mamas al servicio exclusivo de una criatura que se acaba de convertir en nuestro peor enemigo.

De este modo, podemos referirnos a palabras que no entran en las categorías planteadas, pero también corresponden al género matapasiones: *goloso*, *mameluco*, *mamila*, los nombres *Torcuato*, *Japeto*, *Agripina*, *Escolástico* o *Ramiro*. Y, si de nombres propios hablamos, no cabe duda de que hay algunos que determinan al bautizado en cuestión y matan cualquier pasión, aun antes de conocerlo; por ejemplo, ¿quién podría decir que el licenciado Hipólito Barriga es un galán guapísimo? O la doctora Ermenegilda Gordillo, o las niñas Griselda y Anastasia Zurragoitia. Si a alguien le suenan bien es porque vivió en el siglo XIX o porque conoció a alguien con ese nombre y de verdad estaba muy, pero muy guapo.

¡Imagínese en plena acción diciéndole al galán: «¡Así, así, Escolástico!» o «¡Vas bien, Torcuato!». En este momento me viene a la mente la anécdota que me inspiró este opúsculo y que podríamos titular «La tía Marga tiene novio» o «De cómo el príncipe azul se fue al carajo». Ella, correctora de estilo y traductora; él, simplemente encantador. Una tarde, el hombre, en un arranque delirado de pasión y tratando de hacer uso del más apantallante vocabulario, le declara su amor con las siguientes palabras: «Si quiero tanto a tus hijos, ¡cuantimás a ti!». Ése fue el principio del fin.

Por último, hablemos de los eufemismos que denotan la procedencia de nuestro interlocutor y que de alguna manera están emparentados con la ultracorrección. Unos son los que nos remiten a cosas escatológicas, pero que suenan peor que la palabra misma; en esta categoría tenemos, encabezando la lista, la palabra *popó*, seguida por *zurrar*, *peerse* y frases como «hacer del uno y del dos», «echarse un pun», etcétera. Imagine a un galanazo que, entrado en confianza, comente: «¡Híjole!, quiero hacer *popó*». Habiendo tantos sinónimos de esta escatológica palabra, ¿por qué no decir *caca*? Incluso sería preferible decir «Me estoy *cagando*», pero, ¿*popó*?

Bueno, podríamos seguir y seguir con palabras como éstas y otras por el estilo, pero tal vez lo hagamos en otra ocasión. Mientras tanto, les pido tener siempre en mente que una palabra, una sola palabra, puede acabar con el respeto que inspiramos, con el encanto, con la pasión y hasta con el amor. ☺

Los gases del oficio
—y otras frijolidades—

Los hablantes de una lengua la usan y la hacen suya y, a veces por ignorancia o confusión auditiva y otras por la pretensión de parecer cultos o informados, suelen interpretar una palabra como proveniente de otra. Esto se conoce como etimología popular; es decir, la interpretación espontánea, y hasta cierto punto insolente, de una palabra a partir de su relación con otro término o raíz.

El resultado de esta confusión muchas veces es el humorismo involuntario, un nuevo vocablo que nos produce hilaridad. Por ello, sentí la obligación de compartir estos casos —todos auténticos— de etimologías populares. Conocí la mayor parte por mis propios oídos y los otros fueron aportados por fuentes más que fidedignas.

Ahí les van algunas perlas de esta corona:

❖ Trabajó conmigo un mensajero que, al poner una cortina, se encajó una astilla y, ante mi alarma, resignado comentó: «Ni modo, jefe, ¡son los *gases* del oficio!».

❖ Otro día, circulando por la salida hacia Toluca, el mismo sujeto advirtió un letrero de lo que entonces era la Secretaría de Ganadería, el cual decía: «Banco de semen congelado», y me preguntó: «Oiga, ¿eso es para ganado o para personas?»; yo le contesté, riéndome: «¿Tú qué crees?», a lo que él muy indignado añadió: «¿Qué?, ¿a poco no hay bebés de *profeta*?».

Así, la versión auténtica de una palabra que «no le dice nada» al hablante, es sustituida por una nueva que se cree que es la correcta, como los famosos casos de *mondarina* en lugar de *mandarina* —por el verbo *mondar*—, *andalias* en lugar de *sandalias* —por el verbo *andar*— o de *San Juan* en lugar de *zaguán*.

Otros casos más del mismo autor:

❖ —¿Por qué te tardaste tanto?

—Es que el cuate ése no me hacía caso.

—¿Estaba muy ocupado?

—No, nada más estaba ahí, *palpando* moscas.

❖ Al subir y bajar una escalera por frascos de acrílico de color que le pedía, me sugirió muy agitado: «¿Por qué no me da una lista de una vez? ¡De tanto subir y bajar me va a dar un *parto* cardiaco!».

❖ Y también está el caso de la secretaria de una agencia de publicidad, quien, al pedirle que escribiera un memorándum en el que debía solicitarle al cliente de una llantera: «Favor de enviar, para fotografía, una llanta seccionada», escribió en su lugar: «Favor de enviar, para fotografía, una llanta *sexy o nada*».

A veces, el error tiene una cierta lógica de origen o de cruce semántico, como en estos casos:

❖ Una empleada doméstica que preguntaba: «¿Le tiendo la cama con el *enredón*?».

❖ La vieja chismosa que le asegura a su igualmente vieja y chismosa comadre: «Me lo contaron con *lujuria* de detalles».

❖ El chofer que comentaba preocupado: «Se veía muy mal. Traía un rostro *calavérico*».

❖ El dependiente de una tlapalería: «¿Va a querer el IVA *deshuesado*?».

❖ La mujer que confesaba que su marido «estaba enfermo de la columna *vertical*».

Otras perlas populares de este tipo tienen un resultado poético:

❖ Un diseñador inglés proponía: «¿Vamos a comer *al Fondo del Recuerdo*?».

❖ Por su parte, un niño de preescolar preguntó: «Hoy es lunes, ¿no va a haber *enfermérides*?».

❖ Preguntando el resultado de un encuentro deportivo, una voz anónima respondió: «Se fueron a la muerte *súbdita*».

❖ También hubo a quien le diagnosticaron presbicia y dijo que era *presbítero*.

❖ O el consejero de una revista que aseguró: «¡Tenemos que romper *paradojas*!» en lugar de «paradigmas».

La ultracorrección y la supuesta erudición se evidencian en los siguientes casos:

❖ En un tianguis, un vendedor anunciaba su mercancía con la garantía de no ser piezas *defectosas;* al comentarle que seguramente quería decir *defectuosas*, se defendió diciendo: «¿A poco dice usted *defectuo*?».

❖ El hombre aquel que tras haber descubierto una grave serie de errores en su empresa, declaró: «¡Zas!, ¡ahora sí se destapó la caja de *Pantera*!».

❖ El adolescente que citaba con mucha autoridad: «Como dice el viejo y conocido *Refrank*» —personaje conocidísimo y, seguramente, ya muy viejo.

El humorismo involuntario está siempre presente y nos sale al encuentro del modo más inesperado. Encontrar la veta de la sonrisa solamente requiere de atención en lo que se oye o se lee. Las pepitas de oro de estos tropiezos verbales salen cotidianamente y su brillo de carcajada nos refresca la existencia. Hay que aprovecharlos para producir endorfinas. Lo demás, como dijera el hermano de una conocida mía, «son *frijolidades* de la vida». ᗏ

Esos pequeños equívocos sin importancia...

Hace algunos años presentaba un trabajo sobre psicoanálisis frente a una nutrida y atenta audiencia, cuando quise leer, *ad verbatim*, unas palabras de Sigmund Freud. Entonces, con importante entonación, dije lo siguiente: «Y cito *sexualmente* a Freud…» —en vez de decir *textualmente*—. ¡Ups!

Levanté la mirada de mi texto y quedé atónita frente al público, mientras éste emitía sonora carcajada. Mi amable compañero de mesa me dio una palmada en el hombro y me dijo: «No te preocupes, Alexis;

es que no hay de otra manera». Y es cierto: a Freud sólo se le puede citar sexualmente, pues, de hecho, es su teoría sobre la sexualidad infantil y la libido lo que fundamenta el quehacer psicoanalítico, lo que distingue al psicoanálisis de otro tipo de terapias. De esta manera, si cito a Freud, lo hago sexualmente.

Pero existe una segunda interpretación a este equívoco. La pasión que en mí genera la obra de Freud, su análisis, su estudio y su aplicación en la clínica ponen de manifiesto que ese señor me es importante y que, si hubiera oportunidad, desearía tener una cita con él y, ¿por qué no?, una cita sexual. Y quizá habría una tercera interpretación —o muchas más— a mi desliz, pero que, por no convenir a mis intereses, me reservo el derecho de contarles.

Este «pequeño equívoco sin importancia»[1] o *lapsus* dista mucho de ser insignificante y pone de manifiesto la inagotable polisemia de los procesos inconscientes. De eso dio cuenta Sigmund Freud cuando, en 1901, publicó *Psicopatología de la vida cotidiana*, obra en que describe uno de los fenómenos más frecuentes y poco apreciados de nuestro devenir cotidiano: las operaciones o actos fallidos o *lapsus*. A pesar de que algunos escritores y filósofos, como Goethe, Schopenhauer y Von Hartmann, entre otros, utilizaron o descubrieron las operaciones fallidas antes que Freud,[2] el término no fue utilizado hasta que apareció el título antes mencionado. De hecho, para la traducción de las *Obras completas* de Freud al inglés —*The Standard Edition*— fue necesario acuñar un neologismo: *parapraxis*.

Anteriormente, estos *lapsus* —en latín, «resbalón» o «desliz»— se consideraban producto del cansancio o la fatiga mental, que azarosamente aparecían a través del lenguaje. Fue sólo a partir del

---

1 Aquí hago alusión al libro de cuentos de Antonio Tabucchi, *Pequeños equívocos sin importancia*, Madrid: Anagrama, 1987.
2 Henri F. Ellenberger, *The Discovery of the Unconscious*, Nueva York: Basic Books, 1970.

psicoanálisis que las operaciones fallidas cobraron un nuevo y más relevante significado.

Resulta interesante notar que, en 1915, Freud comenzó sus «Conferencias de introducción al psicoanálisis»[3] con tres lecturas acerca de los actos fallidos, porque, al parecer, le pareció el material más apropiado para introducir sus teorías, debido a su poder identificatorio, ya que casi todo el mundo ha sido víctima alguna vez de un desliz. Sin embargo, en tales épocas pocos imaginaban que dichos fenómenos son una de las vías regias al inconsciente —junto con los sueños y el fenómeno de la repetición transferencial—[4], y que ponen de manifiesto el determinismo psíquico. Con esto se desechan las teorías del libre albedrío y la creencia en el predominio de la conciencia y se devela aquello que verdaderamente nos mueve: el deseo inconsciente.

Así se manifiesta lo que el psicoanalista francés Jacques Lacan llama *sujeto*, que no se refiere a la persona en sí, a aquel que comete el equívoco, sino al sujeto del inconsciente que «habla» a través de nosotros en estos sutiles quebrantos del Yo, unificador y represivo, que se halló desprevenido. «Yo contengo multitudes», dice el poeta Walt Whitman, y con justa razón. Hablamos un lenguaje que no es del todo propio, pues nos expresamos con la voz impuesta por las figuras que nutrieron nuestra infancia.

Los actos fallidos se manifiestan en una gran variedad de formas. Los deslices verbales aparecen en el habla o en la escritura: cuando

---

3 Sigmund Freud, «II conferencia: Los actos fallidos» en «Conferencias de introducción al psicoanálisis», *Obras completas*, tomo XV, Buenos Aires: Amorrortu, 1986. Éste es el libro más leído de Freud —salvo, quizá, *Psicopatología de la vida cotidiana*—, pues las conferencias fueron ideadas para un público amplio y no necesariamente versado en el tema del psicoanálisis.
4 Fenómeno clínico que se presenta en todo psicoanálisis cuando el paciente transfiere a su analista afectos que en realidad corresponden a las figuras más importantes de su infancia.

alguien lee algo diverso a lo que está escrito, se le llama desliz en la lectura; si alguien escucha algo diferente a lo que se le está diciendo se trata de un error auditivo. Una serie diferente de fenómenos tiene como base al olvido temporal de algún asunto; por ejemplo, el nombre de una persona que sí conocemos o cuando olvidamos realizar alguna tarea de suma importancia. Un paciente mío olvidó recoger de la tintorería el vestido que su esposa necesitaba para un evento en el que ella sería reconocida laboralmente, a pesar de que la mujer le estuvo llamando a lo largo del día para recordárselo; este olvido muestra la hostilidad y envidia inconscientes que mi paciente sentía hacia el meritorio reconocimiento de su esposa, por más que él decía hallarse contento y orgulloso de ella.

Una tercera serie, en la que falta esta condición temporal, tiene como base el extravío de algún objeto, como cuando alguien guarda algo con mucho cuidado y luego no atina a encontrarlo. Conozco una mujer que guardó tan bien su anillo de bodas, que nunca más volvió a hallarlo. Lo que confirma su motivación inconsciente es que eventualmente decidió ponerle fin a su matrimonio y esta idea ya se encontraba en ciernes cuando escondió la argolla.

Los actos fallidos revelan motivos o relaciones causales que a veces no parecen tan claros en primera instancia, pero que logran ser dilucidadas si se analizan cuidadosamente. Algunas veces se trata de sentimientos que se encuentran suprimidos porque expresan nuestro lado más primitivo e inaceptable, como pueden ser los impulsos egoístas, celosos, envidiosos, hostiles y, por supuesto, sexuales. En una ocasión, un amigo cercano seguía a su pretendida por entre las mesas de un restaurante absorto por el vaivén de sus caderas. Al llegar a la mesa, ella se disculpó por pedirla en el área de no fumar, a lo que él contestó: «No te preocupes, no es *nalga*». ¿Quiso decir: «No es *nada*»? Claro que no es nada; esa nalga lo era todo en ese momento para mi desafortunado amigo, a quien finalmente no le tocó nada de nada.

En otros casos se encuentran en los deslices del habla ciertos vínculos que implican un desplazamiento de una persona o de un lugar a otro y que tienen relación con motivos inconscientes. Así, diremos un nombre en vez de otro, porque hemos desplazado los atributos de una persona a otra de cabal parecido o que genera en nosotros cierta disposición emocional, como llamar al novio actual con el nombre del novio anterior o nombrar a una persona, por nosotros menospreciada, con el nombre de un perro —y así hacerle una injusticia al can—. Estos ejemplos son desplazamientos sencillos, pero hay ocasiones en que es menester efectuar un rastreo mucho más concienzudo en el que se involucran vivencias del pasado que han sido reprimidas.

Ocasionalmente encontraremos mezclas interesantes en las que condensamos dos o más palabras, como sucede con esos sueños en los que en un personaje se reúnen características de personas conocidas —el papá y un profesor, por ejemplo—, lo que hace necesario su deslinde. Uno de los deslices más obvios tiene como motivo la transformación en lo contrario; aquí encontraremos la negación que afirma un deseo vedado y viceversa, como la conocida frase de un paciente de Freud: «Soñé con una mujer que no era mi madre». Una paciente me comentaba lo importante que yo era para ella y lo agradecida que se sentía conmigo por la situación analítica, y así lo afirmaba: «Es que eres mi *ancla*». «¿*Ancla*?», le pregunté asombrada. «Perdón, perdón; quise decir salvavidas». Mmm… ¡Qué buena expresión de ambivalencia!

Lo más asombroso de los actos fallidos es que nuestra vida cotidiana se convierte en el escenario donde ese pequeño equívoco sin importancia hace de cada uno de nosotros un auténtico explorador capaz de descifrar los enigmas y los vericuetos de nuestro inconsciente. Así, como dice Philip Rieff: «La concepción psicoanalítica hace poetas a todos los hombres, simbolistas incurables que encuentran secretos desconocidos detrás de cada palabra».[5] ☙

5 Citado por Emilio Rodrigué en *El libro de los errores*, Buenos Aires: Sudamericana, 1996; p. 385.

Dislexia ¿sexual? o palabras desostasars

> *«La materia no genera la mente [...]*
> *sino que la mente genera la materia.»*
> George Berkeley

¿Qué son las palabras desastrosas?, ¿por qué existen?, ¿de dónde surgen?, ¿dónde se esconden, para luego aparecer como una errata?

Una palabra desastrosa es el equivalente a leer, en lugar de dislexia *visual*, dislexia *sexual*, ¡y ni siquiera haber percibido el error!

En el ejercicio de la corrección ortotipográfica, ejemplos como éste tenemos muchos: que si en lugar de *genufobia* escribimos *genofobia*, *géreno* en vez de *género*, *irlandesa* por *islandesa*; en fin, la historia es larga, así que, al intentar saber por qué pasa esto, encontré que no es una simple distracción, sino un proceso más complejo que tiene que ver con cómo vemos, leemos y reconocemos las palabras.

Curiosamente, los estudios que se han realizado para entender qué es lo que nos lleva a leer y cómo es que identificamos cada palabra nunca hablan del proceso de seguir la ilación de las letras hasta descifrar un vocablo, sino que afirman que todo comienza con nuestra sensación y percepción visuales. Es decir, para conocer y determinar el mundo que nos rodea, los seres humanos captamos los estímulos externos, o sea, la energía física que viene de los objetos que nos rodean y que hacen que nuestro ojo reaccione y envíe mensajes al cerebro, que es el que descifra y le da categoría a dichos objetos. Así, la vista capta la información del exterior a través de la sensación que producen los objetos y la materia misma en el ojo, pero como la sensación depende del nervio sensitivo estimulado y no del estímulo, entonces esta experiencia es un acontecimiento interno que está separado de los objetos externos. Éste es el primer paso.

El segundo es la percepción: el conocimiento aparente de lo que está ahí afuera, que se obtiene a través del contexto, el presente y el histórico. En otras palabras, lo que yo veo produce en mí una sensación que interpreto a partir de mi conocimiento del mundo.

> *«Somos incapaces de concebir lo que es la mente y lo que*
> *es la materia, y aún menos capaces de concebir cómo*
> *se unen; sin embargo, ésta es nuestra naturaleza propia.»*
> Blaise Pascal

El desastre en las palabras comienza cuando recibimos el estímulo de la palabra formada. Los primeros estudios decían que los seres humanos reconocemos cada término que leemos al ir identificando cada una de las letras que lo forman; sin embargo, nuevos estudios nos dicen que no es así, que lo que hacemos es distinguir algunas letras de cada palabra y entonces las unimos a nuestro propio contexto, para «adivinar» de qué palabra se trata.

Esto lo hacemos porque nuestra percepción de los estímulos es fugaz y si a eso le añadimos que el incentivo es exiguo —del tamaño de una letra—, entonces, dicho estímulo es vulnerable a ser inhibido por otro que percibamos una décima de segundo después, haciéndonos mandar al rincón del olvido la información anterior. Además, dado que nuestro mecanismo visual tiene un poder de resolución limitado para detectar estímulos pequeños, las imágenes que tienen detalles que no hemos captado del todo se perciben como si fueran idénticas a otras y las damos por hecho.

Nosotros reconocemos las palabras por su forma y como una unidad completa; por ello, al leer no deletreamos cada grafía, sino que seguimos la forma del vocablo y nos olvidamos de las letras concretas, dando por hecho que están ahí y que se refieren a un término específico cuyo significado está relacionado con el contexto de la lectura en general. Pero en este ejercicio también ocupamos nuestra memoria y experiencia de vida o, como diría mi abuelita: «el que hambre tiene, en pan piensa».

Por eso no es raro que cuando nos encontramos con un letrero que dice «Salón para fiestas. Reservaciones...», nosotros, en nuestra lectura, lo convirtamos en: «Salón para Reventones». Si analizamos este ejemplo de cerca, vemos que el contexto le ganó a las letras hasta el punto de eliminar la palabra *fiestas*; una vez eliminado ese «estímulo», nuestra mente hizo una asociación visual de las palabras *reservaciones* y *reventones*, al detectar sólo las letras del inicio y del final: «R̲eservac̲i̲o̲n̲e̲s̲» y «R̲event̲o̲n̲e̲s̲». Así, creó una nueva oración: «Salón para reventones».

Todo esto nos lleva a comprender por qué, durante una lectura ordinaria, el proceso que seguimos para reconocer una palabra es, primero, advertir el estímulo visual que nos incita a captar sus primeras y últimas letras, para, posteriormente y en una labor perceptiva, usar la información contextual que nos lleve a reconocerla y a darle un significado y un sentido.

Otro ejemplo lo tenemos en la chica que, viajando por primera vez en una carretera del sureste mexicano —ella, que siempre había recorrido el norte del continente—, dice: «¡Qué bárbaros los de este pueblo! ¿Cómo se les ocurre poner ese letrero con dos marcas?: "Precaución: *Canadá Honda*"», cuando el letrero en realidad decía: «Precaución: Cañada Honda».

Por lo tanto:

«Es clrao que no ipmotra el odren en el que las ltears etsén ersciats, la úicna csoa ipormtnate es que la pmrirea y la útlima ltera es enecnuretn en la psioción cocrreta; el retso peude etsar ttaolmntee mal y, aun así, pordá lerese sin pobrleams, pquore no lemeos cada ltera en sí msima, snio cdaa paalbra en un contxetso».

> *«Los hombres, al seguir el instinto de la naturaleza, suponen siempre que las imágenes mismas presentadas por sus sentidos son los objetos externos, y nunca sospechan que las unas no son más que representaciones de los otros.»*
> David Hume

Así que, como podemos ver, las palabras desastrosas no son más que la manera en que seguimos el instinto de la naturaleza o, bien, la forma en que Gustavo me ayuda a cambiar el título de este artículo cuando se asusta y me dice: «¡Mujer! ¿De qué estás escribiendo?», pues, en lugar de leer «Dislexia *visual*», apela a su percepción y lee «Dislexia *sexual*». ☙

Elogio de la errata

«Aquella mañana doña Manuela se levantó con el coño fruncido», decía una línea de la primera edición de una novela de Vicente Blasco Ibáñez. En realidad era el «ceño» lo que tenía arrugado doña Manuela por la mañana, pero una letra se desfiguró quién sabe dónde.

El libro había sido atacado por los «ratones» que muerden los textos que caminan hacia la edición. Hija tonta de la imprenta, la errata es la inevitable peca de los libros. Desde la máquina de Gutenberg —herrero alemán inventor de la imprenta—, plaga naturalmente los textos impresos. Hay quien recomienda resignación.

Alfonso Reyes, que mucho sabía de las erratas —recuérdese aquella anécdota de Ventura García Calderón refiriéndose a una descuidada edición suya: «Nuestro amigo Reyes acaba de publicar un libro de erratas acompañado de algunos versos»—, daba por descontado todos los esfuerzos por cazar la errata y aniquilarla antes de que el texto viera la luz.

«A la errata se la busca con lupa, se la caza a punta de pluma, se la aísla y se la sitia con cordón sanitario y a última hora, entre las formas ya compuestas, cuando ruedan los cilindros sobre los moldes ya entintados ¡héla que aparece, venida quién sabe de dónde, como si fuera una lepra connatural del plomo! Y luego tenemos que parchar nuestros libros con ese remiendo del pegado que se llama fe de errata, verdadera concesión de parte y oprobio sobre oprobio». Algún libro orgulloso declaró en su última página: «Este libro no tiene *eratas*».

Viene a cuento esto porque Jorge Esteban, editor español al que algún impresor quiso bautizar como Jorge Estorban, publicó *Vituperio —y algún elogio— de la errata*,[1] en donde recoge y condimenta erratas de ahora y de tiempos lejanos. Como aquella que sufrió el poeta Garciasol en un verso que, en vez de decir: «Y Mariuca se duerme y yo me voy de puntillas», quedó: «Y Mariuca se duerme y yo me voy de putillas».

Las erratas más delicadas son, por entendibles razones, las que se cuelan en los moños pretendidamente lustrosos de la dedicatoria. Un poeta de versos chuscos dedicó su libro a una muchacha: «A la señorita Fulana, anhelando que estos versos hagan reír a la boca más graciosa del mundo». El corrector tuvo a bien tragarse la panza de la letra *be* y la convirtió en una flaca *ele*, para escribir «la loca más graciosa del mundo».

---

1 Editorial Renacimiento.

Un periodista dedicó un escrito suyo a la hija del dueño del periódico y quiso poner: «Basta escribir su nombre, Mercedes, para que se sienta orgullosa la tinta», pero apareció «tonta». Debe haber sido también penosa la situación del crítico que dedicó un libro suyo a una condesa, escribiendo al inicio de la obra que su «exquisito busto —en lugar de «gusto»— conocemos bien todos sus amigos».

Esteban da los primeros pasos de un tratado sobre el arte de la errata. Su historia, sus causas, sus piezas maestras, su inevitabilidad, su infinita variedad. La diversidad de las erratas es selvática.

Hay erratas intencionales, como la de aquel diario que cambió el nombre del filósofo vasco por Miguel de Unamemo; hay erratas desapercibidas, como aquélla en el libreto de una obra de teatro mil veces representada, que ni el director, ni los actores, ni ninguno de los espectadores notó. Hay erratas discretas y erratas estridentes, los erratones de los que hablaba Neruda: errores que no esconden sus dientes de roedores furiosos.

Según Esteban, hay también erratas homicidas. El papa Clemente XI, al ver sus homilías recién impresas, detectó una errata terrible, que le produjo una apoplejía de la que murió a las pocas horas. También hay, por supuesto, erratas irreverentes, como: «Tienen ante su vista las excelencias de las obras del Señor, pero no alcanzan a verlas porque son mis pies» —por «miopes»—. Y a la Purísima Concepción también se le ha llegado a cambiar una letra, aunque Jorge Esteban no se anima a decirnos cuál.

Alfonso Sastre escribió un soneto a las erratas crueles:

«Escritores dolientes, padecemos
esta grave epidemia de la errata.
La que no nos malhiere es que nos mata

y a veces lo que vemos no creemos.
Tontos del culo todos parecemos
ante el culto lector que nos maldice:
"Este escritor no sabe lo que dice",
y nos trata de gilís o de memos.
Los reyes de Rubén se hicieron rayos.
Subrayé, mas no vino la cursiva.
Donde pido mejores van mujeres.
Padecemos, leyéndonos, desmayos.
El alma queda muerta, más que viva,
pues de erratas te matan o te mueres».

———

No todo es crueldad en la errata. También las hay que mejoran el texto. Alfonso Reyes defiende la intervención fortuita de la errata en algunas líneas suyas. Escribió «Más adentro de tu frente» y el duende apareció un «Mar adentro de tu frente». Y en alguna otra ocasión escribió «La historia, obligada a describir nuevos mundos» para ver en la impresión: «La historia, obligada a descubrir nuevos mundos». Mucho mejor.

La errata que elogia Esteban no es ésa de la mejora involuntaria. Lo que enaltece el coleccionista de resbalones impresos es la magia del traspié. En el «intermedio sentimental» que ventila el catálogo de gazapos, el compilador encuentra en la errata una metáfora de la vida, una celebración de la escritura. La ausencia de un acento, un cambio de vocales, la repetición de un pasaje, la mala división de una palabra al final de la línea, la desaparición de una palabra, el brinco de una letra indeseada provocan una especie de revelación del ingenio o de la suerte. Neruda las habrá llamado caries de los renglones, pero en ellos hay un chispazo de imaginación fortuita. Una carcajada de bufón a la mitad de la ceremonia, la errata alerta de la exigencia que tensa cada párrafo de escritura.

Después de tanta maldición y tanta burla, sostiene Esteban, la errata merece nuestro elogio: «Maldecirte es como denigrar la propia vida por lo que tiene de misteriosa y sugerente». ☺

Méjico para los españoles

Cada vez que Juan Carlos Jolly Vallejo, como la mayoría de los mexicanos, ve el nombre de México escrito con *j*, quiere estrangular al perpetrador del desatino.

Cuenta que alguna vez halló una lista literaria en Internet, en la que una española escribió *Méjico* sin saber que para la mayor parte de nosotros es una afrenta rayana en el insulto. Luego de varios días de dimes y diretes en ambos lados del Atlántico, a su amigo español, Santiago M. Plasencia, se le ocurrió escribir la siguiente hipótesis sobre las razones por las que España es la única nación en la que aún se escribe *Méjico* con *j*.

De los más de 300 millones de hablantes de español que hay en el mundo, sólo una parte del 13% que vive en la Península Ibérica —y quizá unos pocos mayores de 60 años, en Argentina— tiene dudas entre la forma de escribir *Méjico* y *México*, o bien, escribe *Méjico*. Uno se pregunta por qué. Yo tengo una teoría, a ver qué os parece.

Durante el primer tercio del siglo xx, paralelamente a una progresiva decadencia política, hubo en España una verdadera explosión de desarrollo intelectual y artístico. Entre las generaciones del 98, del 14 —suponiendo que exista— y del 27 se sumaron en nuestro país muchos pensadores y artistas que se han hecho universales o, por lo menos, muy conocidos en todo el mundo hispánico: Picasso, Dalí, Ortega, Unamuno, Lorca, los Machado, Juan Ramón Jiménez, Azorín... —no sé ni pa qué empiezo la lista, porque no se acaba nunca.

En general había un interés tremendo por lo que estaba pasando en España y no tanto por el resto del mundo —con la posible excepción de las vanguardias francesas—, ya que la actividad artística y cultural era enorme.

En aquellos mismos años, y después de superar la Revolución y la Guerra Cristera, también hubo mucha actividad institucional en México, que empezaba a consolidar su nueva identidad revolucionaria y laica. La Academia Mexicana de la Lengua redactó sus estatutos —que no tenía— en 1931 y, en aquel tiempo, varios de sus miembros estaban muy activos en todo el mundo hispánico. Como es lógico, al entrar el país en la comunidad internacional, surgió la necesidad de fijar la ortografía del nombre. La mayoría de los mexicanos —pero no todos— escribían *México* y la mayoría de los españoles —pero no todos— escribían *Méjico*. En los demás países de habla española había

114

una mezcla de las dos tendencias. Se planteó una grave diatriba por la *x* entre algunos españoles que la consideraban arcaica y los mexicanos que la consideraban propia y distintiva.

Uno de los más exaltados detractores de la *x* fue Miguel de Unamuno, conocido por no ser precisamente muy benévolo en sus críticas. A sus ataques respondía con suavidad Alfonso Reyes, sin duda el intelectual mexicano más destacado de entonces: «Yo no tengo ninguna razón científica contra el uso de la *j* que, por lo demás, me parece, filológicamente hablando, el más revolucionario, el menos conservador de los dos. Y con todo, le tengo apego a mi *x* como a una reliquia histórica, como a un discurso santo-y-seña en que reconozco a los míos, a los de mi tierra...». Con estos y otros argumentos —de los cuales el más importante e indiscutible es el de la soberanía—, los mexicanos posrevolucionarios lograron que en todas las instituciones internacionales y en casi todos los países de habla española se generalizara la grafía *x* para *México*.

Por otro lado, en España, después de la dictadura de Primo de Rivera y de la Segunda República, estalló la Guerra Civil. Los artistas e intelectuales no dejaron de producir, pero entre julio de 1936 y abril de 1939, la mayoría de ellos se marchó del país. Quedaron algunos convencidos sinceramente de que la dictadura podría terminar pronto con la recuperación de las instituciones republicanas o con la restauración de la monarquía, pero la represión posterior a 1939, junto con los preocupantes rasgos que adoptaba la política interior y exterior de Franco durante los primeros seis años, animó a muchos de ellos a elegir el camino del exilio, o bien, del silencio, la discreción o, de manera sorprendente, la colaboración explícita con el nuevo régimen.

De la gran mayoría exiliada, un porcentaje muy elevado se fue a México. La buena acogida que dieron los mexicanos —en concreto, el presidente Lázaro Cárdenas— a los intelectuales y políticos exiliados de la República Española fue uno de los factores decisivos. Durante los años de la Segunda Guerra Mundial se fundaron importantísimas instituciones de enseñanza y desarrollo intelectual, cuyo ejemplo principal es el Colegio de México —nombre adoptado en 1940 por la Casa de España, fundada en 1938 por el mismo Cárdenas—. En su fundación participaron los intelectuales españoles que después desarrollaron su actividad como miembros de ellas. Muchas de las figuras más importantes de la intelectualidad republicana[1] española vivieron y trabajaron en México hasta su muerte.

Como se ha visto, la principal institución en la que trabajaron los intelectuales exiliados fue el Colegio de México. Implícitamente, la adopción de esa x se ha identificado con la España del exilio, mientras que la j —que siguió siendo canónica en la península— se ha identificado con la España de Franco. No digo que esto sea así, pero sí que mucha gente lo vio y lo ve así. Resulta evidente que esta distinción sólo podía verse en México, porque en aquella época no había libertad de prensa en España y la producción intelectual surgida al otro lado del Atlántico llegaba a cuentagotas, excepto la de la Argentina peronista, amiga de Franco. Como puede suponerse, el régimen de la dictadura tuvo siempre unas relaciones muy tensas con «Méjico», donde residía no sólo la mayor parte de la oposición activa, sino el propio gobierno en el exilio. Por ese motivo, hubo un rechazo sistemático a todo lo que de allí viniera, salvo lo más folclórico y aséptico, como la música o cierto tipo de películas.

---

1 *Republicano* no significa, ni mucho menos, de izquierda: los había de todas las tendencias, excepto, obviamente, la franquista. A principios de los años 40 había en México un gobierno español republicano en el exilio, cuyo presidente era el centrista Martínez Barrio. Desde allí, este gobierno logró impedir en 1945, con su acción diplomática, el ingreso de la España franquista en la recién fundada ONU.

Bueno pues, a lo que vamos: en mi opinión, si no se hubiera levantado aquel muro infranqueable entre México y España durante 40 años y si nuestro país hubiera podido disfrutar de los interesantísimos intercambios culturales que se dieron entre aquella fecha y la década de los 80 —recuérdese, por ejemplo, la fructífera amistad entre Borges y Alfonso Reyes, que fue embajador en Buenos Aires—, estoy casi seguro de que la inmensa mayoría de los peninsulares menores de 70 años escribiríamos *México* con *x*, como hace, sin dudar, el resto del mundo. ☺

Un crucero lleno de indios

Hace 500 años, aproximadamente, un emprendedor muy entusiasta de origen genovés y de nombre Cristóbal Colón, decidió llevar a cabo una descomunal expedición transoceánica. Seducido por las promesas de fama, reconocimiento y riquezas —y por la satisfacción de realizar una labor de gran envergadura— se hizo a la mar, no sin antes recibir las debidas bendiciones de sus patronos, los Reyes Católicos de España.

La meta era el Lejano Oriente, «Las Indias» —la India, hoy— en particular, tierra conocida —entre otras cosas— por sus caras y exóticas especias. Tras un viaje de cerca de tres meses en altamar, llegó finalmente a su destino: una tierra pródiga, con culturas fascinantes. Sin embargo, Colón no había llegado a «Las Indias», como él creyó, sino a un lugar hasta entonces desconocido por los europeos. Este nuevo mundo recibió el apelativo genérico de «Las Indias Occidentales» y, desde entonces, comenzó una confusión lingüística que prevalece hasta nuestros días.

Por otro lado, debido a estas razones históricas, pero también a la poca información que tenemos acerca de la India, los miembros del mundo hispanohablante insistimos en referirnos a su música como «música hindú», a su comida como «comida hindú» o a su cultura como «cultura hindú». Resulta muy curioso que, pese a habernos convertido en una «segunda India», nuestros conocimientos respecto de la «primera» sean tan escasos.

Pero hay, además, otro fenómeno derivado de la confusión primigenia arriba mencionada: para designar a los distintos pueblos que habitan el continente americano —desde los cheyenes, pasando por los zapotecos y los purépechas, hasta los incas—, los colonizadores españoles, primero; los criollos y mestizos, después; y, ahora, nosotros, los llamamos *indios*, designación que, de un tiempo a esta fecha, se considera políticamente incorrecta, pues ha adquirido una connotación despectiva.

Frente a este panorama quiero aclarar que:

1. el gentilicio correspondiente a la India no es *hindú*,[1] sino *indio*.

2. en América —entiéndase el continente americano— no habría indios *strictu sensu*.

---

1 La palabra *hindú* fue aceptada por la Real Academia Española en la década de los años 60 como sinónimo de *indio*. Con ello agruparon, de manera sorprendente los significados de «natural de la India» y «partidario del hinduismo» bajo la voz *hindú*. María Moliner, *Diccionario de uso del español*, Madrid: Gredos, 1998.

La cosa está así: el vocablo *indio* debe usarse como gentilicio aplicado a los habitantes del país denominado *India*. Esta palabra procede, etimológicamente, de la voz sánscrita *sindhuh*, «río», y era utilizada para designar al cauce del llamado río Indo, que nace en el Tíbet, corre por la cordillera del Himalaya hasta Cachemira y luego baja hacia el sur a lo largo de todo Pakistán. Posteriormente, la palabra se utilizó para referirse a los pobladores de las civilizaciones asentadas en torno al río Indo —la civilización del Indo—, convertidas después en la India clásica.[2] Ésta es la forma en la que el vocablo *indio* comenzó a denominar al habitante de la India.

Pero, ¿de dónde proviene, entonces, la designación *hindú*? De la misma raíz que *indio* e *Indo*, aunque con un parentesco distinto. Cuando se habla de la cultura «hindú», se está hablando de todos aquellos componentes sociales y religiosos que conforman lo que comúnmente conocemos como hinduismo. Y, aunque buena parte de la población de la India es hindú, comprende también otras afiliaciones religiosas, entre ellas: musulmanes —muchos—, sijes, budistas, jainas, cristianos y zoroastros. He aquí, probablemente, el porqué de emplear, de forma impropia, el término *hindú* indiscriminadamente: si por ventura hubiéramos de toparnos con un habitante de la India que practica el islamismo y le dijéramos cuánto admiramos la cultura de su país y lo fascinante que nos parece el mundo «hindú», estaríamos siendo imprecisos y «políticamente incorrectos».

Entonces, ¿quiénes son los habitantes de esos pueblos que se asentaron en tierras americanas desde antes de la llegada de los españoles? Los indígenas, es decir, «aquellos que son originarios de un sitio». Esta palabra nada tiene que ver con la etimología de *indio*, pues *indígena* quiere decir «que nació o se produjo —*gen*— adentro

2 Lo curioso es que el río Indo ya no se encuentra en el territorio de la India, sino en Pakistán.

—*indu*—». A la misma familia pertenecen: *genealogía* y *génesis*. Por significado, *indígena* es afín a *aborigen*: «el que ha habitado en un sitio desde —*ab*— el comienzo —*origen*—». Esto, por supuesto, quiere decir que en todas partes hay indígenas o aborígenes, es decir, pueblos que han habitado un lugar desde hace tiempo o son oriundos del mismo.

Hay otra palabra más que merece un comentario: *indiano*, que se utiliza para designar a aquella persona que hizo fortuna en Las Indias Occidentales o, bien, a aquello perteneciente o relativo a las mismas, mas no originario, es decir, cuya sangre es europea, no americana —término que, por cierto, también ha sido objeto de múltiples debates relativos a la identidad.

Después de esta serie de disertaciones entre palabras, me permito preguntarle: todos nosotros, los mexicanos, ¿qué somos? ¿Indios? —por extensión—, ¿indígenas? —por origen—, ¿americanos? O, ¿qué? ☙

122

Cocodrilo
o «gusano de piedra»

Las palabras del Génesis 2:20: «El hombre puso nombre a todas las fieras salvajes», dan crédito al padre primigenio, Adán, como el autor de los nombres con los que conocemos a los seres vivos que pueblan el planeta. Aunque según la tradición católica esta actividad le fue asignada al hombre por su dios Yahvé, para distraerlo de la soledad experimentada dentro del jardín del Edén antes del arribo de Eva, al parecer todas las culturas comparten su destreza de nominar a los componentes de la naturaleza, mas no sólo por distracción o divertimento, sino también para poner orden en el mundo al diferenciar a un organismo de otro.

En el proceso de asignar los apelativos, particularmente a los animales, interviene una amplia gama de factores que puede estar relacionada con su forma, con la similitud que guardan con otros animales o con los diversos elementos del ambiente que los rodea, con los sonidos que emiten, con sus talentos físicos o sus pautas de comportamiento, y con el papel que han desempeñado dentro del sistema de mitos y creencias de una cultura en particular, entre otros tantos.

Por lo anterior, no es de extrañar que la elongada silueta y el inmutable reposo del cocodrilo, cuando se tumba al sol, estimulara la creatividad de los antiguos griegos para llamarlo κροκόδειλος /krokódeilos/, es decir, «gusano de piedra». Asimismo, aves como el enigmático tapacamino préstame-tu-cuchillo deben la composición de su apelativo a un revolotear nervioso, al paso de los caminantes y a una voz aguda, similar al sonido de ciertos insectos: *cuk-cuk-cuk-cuk-cuk-cuk-cuk-cukachíía*, la cual atinaríamos a interpretar como el grito ahogado del subconsciente belicoso que nos dice: «¡préstame tu cuchillo!».

En el libro de Diana Wells, *100 aves y cómo adquirieron sus nombres*,[1] encontramos que el mote de un ave americana de estridente plumaje color escarlata a la que llamamos *cardenal* tuvo influencia eclesiástica, ya que fue tomado de la indumentaria roja brillante de los prelados de la Iglesia católica que componen el colegio consultivo del papa. Wells también hace referencia a un ave zancuda del Nuevo Mundo, extremadamente delgada y rosada, que fue bautizada por los conquistadores españoles como *flamenco* —del latín *flamma*—, mas no en honor a uno de sus bailes tradicionales,

1 Diana Wells, *100 Birds and How They Got Their Names*, Carolina del Norte: Algonquin Books of Chapel Hill, 2002.

sino por el parecido de su plumaje con el hipnotizador ondular de las incandescentes flamas.

En cuanto a los mamíferos, existe uno que, además de ser el preferido de mi querida hija Dalai, es el más alto entre los animales que deambulan sobre tierra firme. El cautivante diseño de su figura, así como el intrincado patrón de líneas y manchas de su pelaje fue lo que, seguramente, le valió para que los árabes inventaran una palabra especialmente bella para designarla: *serafe*, es decir, «la hermosa», de la cual la palabra *jirafa* no es más que una distorsión.

Sin embargo, el nombre que recibe un animal no es único, ya que varía de acuerdo con el área geográfica, la lengua o hasta la cultura. Por ejemplo, el nombre *colibrí*, cuyo origen es caribeño y significa «área resplandeciente», es uno de tantos que se utiliza en los países americanos para referirse a un grupo de diminutas aves de iridiscente plumaje e impetuoso volar. Otros nombres, derivados del gusto del colibrí por alimentarse del néctar de las flores, son: *picaflor*, *chupamirto*, *chuparrosa* o *chupaflor*. Por su parte, en ciertos países de habla inglesa su nombre, *hummingbird*, tiene un significado onomatopéyico, tomado del característico zumbido —*humm*— provocado por el batir de sus alas.

La variedad de calificativos que puede recibir un animal se convierte en una dificultad cuando intentamos comunicarnos con personas de otras regiones o sociedades, ya que se pensaría que el babisuri, al que hace referencia un sinaloense, es un mamífero distinto del guayú, que un habitante de la región maya observa alrededor de su comarca. Pero, curiosamente, ambas personas se refieren al mismo animal de piel rayada y cola anillada que la mayoría de los mexicanos conocemos por su nombre náhuatl: *cacomixtle*, «puma pequeño».

La confusión y complejidad que supone la pluralidad de apelativos se superó gracias a la contribución, en materia de nomenclatura científica —es decir, de las palabras usadas por la ciencia para nombrar a los seres vivos—, del naturalista sueco Carlos Linneo, quien utilizó dos palabras —correspondientes a género y especie— tomadas del griego o del latín para designar a un ser vivo. Así, a partir del sistema binómico, todos los seres vivos conocidos hasta nuestro tiempo, y los extintos, tienen un nombre científico. De esta manera, para evitar confusiones al hablar de una yubarta, de la *humpback whale* o de la ballena jorobada, es mejor aludir a su nombre científico: *Megaptera novaeangliae*.

El nombre científico, al igual que el coloquial, generalmente se construye a partir de las características físicas, de comportamiento o geográficas de la especie en cuestión —aunque en ocasiones tienen la intención de honrar a un personaje—. En el caso del nombre científico de la ballena jorobada, éste resalta sus grandes aletas pectorales —*Megaptera*— y la localidad donde se realizaron los avistamientos que permitieron describirla por vez primera —*novaeangliae*—. De igual forma, el nombre común de *jorobada* destaca la protuberancia que el organismo ostenta en la región dorsal posterior de su cuerpo.

Pero no todo es formalidad en el mundo de la ciencia, ya que también los investigadores se divierten y matan el tedio, al igual que Adán, cuando de asignar nombres científicos se trata, por lo que resulta notable y hasta chusco saber que una mariposa fue bautizada como *la cerveza*, un dinosaurio fue nombrado *Scrotum humanun*, un pez se llama *Batman* y un escarabajo recibió el apelativo de *Ytu brutus*.

Mención especial merece un grupo de insectos emparentados con la cochinilla del nopal, de la que se extrae un tinte rojo carmín, que, sin el afán de ofender a los impolutos ojos del estimado lector, recibieron el título genérico de *Puto*.[2] Aunque lejos de tomarse como calificación denigratoria, es posible que este nombre provenga de las raíces latinas *pŭto*, *pŭtus*, *pŭta*: «muchacho, adolescente y muchacha joven», y *pŭtāre*: «pensar»; aunque se cree que, en un principio, significó «podar, limpiar», expresión que posiblemente se empleó para puntualizar la habilidad de estos insectos de parasitar plantas y defoliarlas al alimentarse de sus fluidos. ☙

---

2 José Luis Navarrete-Heredia, «Bush y los escarabajos» en *Patas articuladas*, Boletín académico y de divulgación sobre artrópodos, núm. 3, Universidad de Guadalajara, mayo 2005; p. 1.

Nombres científicos de los seres vivos

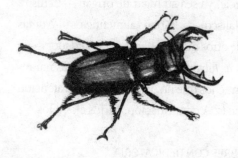

*¡Oh, bendito lenguaje! ¡En tu ausencia no habría conocido,
ni platicado, ni me hubiera casado con mi marida!*

J. L. N-H

Como bien lo señala Jean-Jacques Rousseau —mejor conocido en español como Juan Jacobo Rousseau— en su *Ensayo sobre el origen de las lenguas*: «La palabra distingue al hombre entre los animales», ya que, por deseo o necesidad, es importante comunicar «sus sentimientos y pensamientos llevándolo a buscar los medios apropiados para ello». Es precisamente esta necesidad de establecer un lenguaje apropiado de comunicación universal la que llevó a los naturalistas, particularmente a Carl von Linné —o Carlos Linneo— a sistematizar la forma de nombrar a los seres vivos, procedimiento que en la actualidad sigue vigente.

Si bien los nombres científicos generalmente hacen referencia a las características de la especie, ya sea su lugar de origen —*Ceraspis jaliscoensis*, «procedente de Jalisco»—, hábitos alimenticios —*Nordus praedator,* «que se alimenta de otros insectos», «es un depredador»— o alguna cualidad —*Platydracus fulvomaculatus*, «con manchas naranjas»—, entre otras, existen muchos que no dejan de llamar la atención como curiosidades académicas. A continuación, varios ejemplos.

LOS NOMBRES CON DEDICATORIA

❖ *Washingtonia* —H. Wendl—,[1] nombre de una palma bautizada en honor a George Washington.

❖ *Victoria* —Lindl—, planta que recuerda a la reina Victoria.

❖ *Lincolna* —Girault—, nombre de una avispa en honor a Abraham Lincoln.

❖ *Allendia* —Noonan—, escarabajo dedicado a Salvador Allende.

❖ *Arthurdactylus conandoylensis* —Frey y Martill—, pterosauro cuyo nombre se inspira en el de *Sir* Arthur Conan Doyle, autor de las famosas aventuras de Sherlock Holmes.

❖ *Agathidium bushi* —Kelly B. Miller y Quentin Wheeler—, escarabajo nombrado en honor a George W. Bush.

❖ *Agathidium cheneyi* —Miller y Wheeler—, por Dick Cheney.

---

1 Entre guiones, el autor que propuso el nombre.

❖ *Agathidium rumsfeldi* —Miller y Wheeler—, dedicado a Donald Rumsfeld.

Los tres últimos arriba mencionados son tres especies de escarabajos que viven en hongos muy pequeños. Sus nombres fueron propuestos en 2005 por dos investigadores estadounidenses. Cuando el doctor Wheeler —actual coordinador del departamento de Entomología del Museo de Historia Natural de Londres— fue cuestionado acerca de la elección de estos nombres, aseguró que era un homenaje a tan distinguidos personajes del ámbito político de su país. ¿Será?

OCURRENCIAS MÁS PROFANAS QUE CIENTÍFICAS

Como parte del trabajo taxonómico y de las reglas para el establecimiento de nombres científicos, no se aceptan nombres dedicados a una persona y propuestos por ella misma. Sin embargo, existe un nombre curioso y muy interesante que desafía esta convención: *Cartwrightia cartwrighti*. Se trata de una especie de escarabajo en que el nombre del género *Cartwrightia* fue propuesto por el investigador mexicano Federico Islas, en 1958, en honor al especialista estadounidense en escarabajos Oscar L. Cartwright. Posteriormente, en 1967, el doctor Cartwright dedicó la especie a su hermano, de tal modo que el nombre final lleva la raíz del apellido del científico.

❖ *Scrotum humanum* —Richard Brookes— hace referencia a uno de los restos —huesos— de dinosaurio más antiguos. Aunque originalmente fue propuesto como *Scrotum*, el nombre válido en la actualidad es *Megalosaurus*.

❖ *Gluteus minimus* —Richard Arnold Davis y A. Semken—, fósil del devónico de afinidad incierta.

- *La cucaracha* y *La paloma* —Blesynski—, especies de polillas.

- *Orgia nova* —Fitch— también es una polilla.

- *Abra cadabra* —Eames y Wilkins— es una almeja cuyo nombre genérico fue propuesto por Jean-Baptiste Lamarck en 1801.

- *Plusiotis citlaltepetlamayatli* —Blackaller-Bages y Delgado—, el nombre de la especie se deriva del náhuatl *Citlaltepetl*, que hace referencia al volcán Pico de Orizaba, mientras que con la palabra *mayatli* se designa a los escarabajos. De esta forma se remite a un escarabajo que vive en ese volcán.

- *Tahuantinsuyoa macantzatza* —Kullander— es un pez cuyo género proviene del quechua y hace referencia al Imperio Inca.

- *Draculoides bramstokeri* —Harvey y Humphreys—, araña dedicada al escritor británico Bram Stoker, autor de la novela *Drácula*.

- *Mozartella beethoveni*, avispa pensada en los famosos músicos clásicos Mozart y Beethoven.

- *Villa manillae*, una variedad de mosca en honor al dueto ochentero de vivales —que no cantaban— Milli Vanilli.

- *Sylvilagus palustris hefneri*, una subespecie de conejo en peligro de extinción dedicada, por obvias razones, a Hugh Hefner, fundador de la revista *Playboy*.

- *Utahraptor spielbergi*, dinosaurio terápodo. *Utahraptor* significa «ladrón de Utah» y *spielbergi* es el nombre de la especie para honrar al cineasta Steven Spielberg por su película *Parque Jurásico*.

Éstos y muchos otros nombres existen en la literatura científica. Si usted descubriera una especie, ¿cómo le pondría? ☺

Gentilicios

Los gentilicios son sustantivos o adjetivos que se utilizan para nombrar a los originarios de un país, ciudad o región. Los sufijos más utilizados en la formación de éstos son, en este orden: *-ano* —mexicano, meridano—, *-és* —leonés, reynés—, *-eño* —insuleño, paceño—, *-ense* —morelense, jocabense—, *-ío* —tapatío—, *-ino* —mameyino, vallino—, seguidos de *-aí*, *-ero*, *-ego*, *-teco*, *-eno*, *-aco*, *-ta*, *-ol* y *-an*.

A continuación presentamos los gentilicios nacionales más raros, curiosos y los que nos han parecido más interesantes:

Aguascalientes —estado y capital—: aguascalentense o hidrocálido

Cajeme, Sonora: caiemense

Colima —estado y capital—: colimense o colimeño

Distrito Federal: capitalino o defeño, y chilango —apodo, no gentilicio—

Dolores, Hidalgo: dolorense

El Mamey, Colima: mameyino

El Recodo, Sonora: recodense

Estado de México: mexiquense

Guadalajara, Jalisco: guadalajarense, guadalajareño o tapatío

Hermosillo, Sonora: hermosillense

Hidalgo: hidalguense

Holbox, Quintana Roo: jolbosheño

Huhí, Yucatán: jujileño

Isla Mujeres, Quintana Roo: insuleño

Iguala de la Independencia, Guerrero: igualteco

La Paz, Baja California Sur: paceño

Las Margaritas, Chiapas: margariteño

León, Guanajuato: leonés

Leona Vicario, Quintana Roo: vivariense

Los Mochis, Sinaloa: mochiteco

Maxanú, Yucatán: mashcanuense

Mérida, Yucatán: meridano, emeritense

Mexicali, Baja California: mexicalense —los habitantes de Mexicali se autonombran *cachanillas*, nombre que se le da a cierto tipo de vegetación—

Mije, Oaxaca: mije

Monterrey, Nuevo León: regiomontano

Moradillas, Sonora: moraditeño

Moroleón, Guanajuato: moroleonés

Nayarit: nayarita

Nuevo León: reinero

Ojocaliente, Zacatecas: ojocalentense

Palenque, Chiapas: palencano

Palizada, Campeche: paliceño

Palo Verde, Sonora: palozarco

Pesquería Chica, Nuevo León: pesquerichiquense

Puebla —capital—: poblano o angelopolitano

Querétaro: queretano

Reynosa, Tamaulipas: reynés

Romita, Guanajuato: romanito

San Nicolás de los Garza, Nuevo León: nicolaíta

San Pedro, Chiapas: sampedrano

San Pedro, Coahuila: sanpedrense, sanpetrino

San Pedro, Michoacán: sanpedreño

San Pedro, Sonora: sanpetrino

San Pedro Piedragorda, Guanajuato: petragordense

San Pedro Tarímbaro, Michoacán: tarimbareño

Tabasco: tabasqueño o choco —coloquial—

Tapachula, Chiapas: tapachulteco

Tepic, Nayarit: tepiqueño o tepiquense

Tzimol, Chiapas: tzimolero

Tzintzingarao, Michoacán: tzintzingareño

Valle de Bravo, Estado de México: vallesano

Valle del Maíz, San Luis Potosí: vallino

Villa Allende, Estado de México: malacatepeño

Villa Victoria, Estado de México: victorense

Villa Victoria, Michoacán: villavictorense

Villahermosa: villahermosino o villermosino

Xichú, Guanajuato: xichuense

Xoxocotla, Veracruz: xoxocteco

Xochimilco: xochimilca

Yajalón, Chiapas: yajalonero

Yalala, Oaxaca: yalalalteco

Zahuatlán, Morelos: zahuatleco

Zaragoza, Coahuila: zaragocense o zaragozano

El español tambien crea gentilicios para designar a los oriundos de otros países o regiones. Entre ellos se usan con mayor frecuencia los sufijos -*ano* —haitiano, montevideano—, seguido de -*és* —dublinés, camerunés— y de -*eño* —angoleño, hondureño—; aunque también: -*ense* —londinense, costarricense—, -*í* —iraní, israelí—, -*io* —armenio, egipcio—, -*ino* —argentino, chino—, así como -*ero*, -*ego*, -*teco*, -*eno*, -*aco*, -*ta*, -*ol* y -*an*.

Hay orígenes que no tienen gentilicio y sólo se antepone la preposición *de* al país, ciudad o región —se dice *de Sri Lanka* y no *srilankense, de Alaska* y no *alaskeño*—, lo que también puede utilizarse si no se conoce la forma correcta del gentilicio. A continuación presentamos los menos comunes o más curiosos del mundo:

Almogía, España: morisco

Andalucía, España: andaluz, bético, jándalo o andalusí

Andes —cordillera de los—: andino

Antigua y Barbuda: antiguano

Aragón, España: maño —proviene del latín *magno*, «grande»—

Arauco, Chile: arauquino

Barbados: barbadense

Belgrado, Serbia y Montenegro —antigua Yugoslavia—: singidunense

Belice: beliceño

Benín: beninés

Budapest, Hungría: aquincense

Buenos Aires: bonaerense o porteño

Burundi: burundés o burundiano

Cabo Verde: caboverdiano

Cádiz, España: cadicense, cadiceño, caditano, gaditano —de la antigua Gades romana—

Callao, Perú: chalaco

Chipre: chipriota

Copenhague, Dinamarca: kobmendense

Costa Rica: costarricense, tico

Espíritu Santo, Brasil: capixaba

Etiopía: abisinio —deriva de la antigua Abisinia— o etíope —que en griego significa «de cara quemada»—

Euskadi, España —o País Vasco—: vasco o vascongado

Guinea Ecuatorial: ecuatoguineano

Guatemala: guatemalteco, guatemalteca o, coloquialmente, chapín

Helsinki, Finlandia: helsinguino

Huacho, Perú: huachano

India: indio —no hindú; esta designación refiere al practicante del hinduismo—

Irlanda: irlandés, ibernés o hibernio —deriva de Hibernia—

Islas Salomón: salomonense

Istán, Andalucía, España: panocho —deriva de uno de los dialectos más conocidos de la región de Murcia, el panocho—

Jerusalén: jerosolimitano, hierosolimitano, solimitano o jebuseo

Jujuy, Argentina: jujenio o jujeño

Kazajstán: kazako, kazajo o kazajstano

Kaliningrado, Rusia —antigua Königsberg, Prusia—: regiomontano

Kirguistán: kirguí

Lisboa, Portugal: lusitano

Madagascar: malgache

Madrid, España —capital—: madrileño, matritense o, coloquial, gato

Mérida, España: emeritense

Mérida, Venezuela: merideño

Moldavia: moldavo

Mozambique: mozambiqueño

Moscú, Rusia: moscovita

Munich, Alemania: muniqués

Murcia, España: murciano

Papúa Nueva Guinea: papú

Portugal: portugués, lusitano, luso —deriva de la antigua Lusitania—, portugalés o portugalense

Qatar: catarí

Río de Janeiro —ciudad—: carioca

Río de Janeiro —estado—: fluminense —del latín *flūmĕn, flumĭnis*: río

Roma, Italia: romano, quirite, equite o patricio

Ruanda: ruandés

Salamanca, Chile: salamanquino

Salamanca, España: salmantino

San Cristóbal y Nieves: sancristobaleño

San Felipe, Chile: aconcagüino —el Aconcagua es el pico más alto de la región—

San Sebastián, España: donostiarra —derivado del nombre vasco de la ciudad: Donosita— o easonense —deriva de Easo, nombre con el que también se conoce aquella ciudad—

Santiago de Chile: santiaguino

Santiago de Cuba: santiaguero

Santiago del Estero, Argentina: santiagueño

Santo Tomé y Príncipe: santotomense

Sevilla, España: romulense, hispalense, hispaleto, hispaliense o sevillano

Seychelles: seychellense

Sicilia: siciliano, sícuro, sicano o trinacrio

Surinam: surinamés

Tierra de Fuego, Argentina y Chile: fueguino, fuenferradino y fonferrino

Togo: togolés

Tonga: tongano

Turkmenistán: turcomano, turkmeno

Vanuatu: vanuatense

Viña del Mar, Chile: viñamarino

Yibuti: yibutiano

Zambia: zambiano

Y por si algún día la tecnología nos permite vivir en algún lugar del espacio exterior: **extrapolar**. ☻

¿Qué nombre le pondremos?, matarilerilerón

En nuestra cultura, ante la noticia de un próximo nacimiento, es predecible que surjan —no importa en qué orden— tres preguntas clásicas expresadas con éstos u otros términos similares: ¿para cuándo nace?, ¿qué crees que sea, niño o niña?, ¿cómo se va a llamar?; preguntas que, por supuesto, ya han pasado por la mente de los futuros padres. Las respuestas a las dos primeras interrogantes están fuera de su control; en cambio, la tercera parece depender únicamente de ellos. Al menos en apariencia, la imposición del nombre de pila a un recién nacido es —de acuerdo con nuestra legislación— un acto libre de los padres, pero, con frecuencia, olvidamos que en dicha elección está implícita toda una gama de factores que convierten este simple acto en un espejo de las costumbres, tradiciones y valores que privan en su entorno social; un inequívoco retrato de los gustos y animadversiones de su época.

De acuerdo con un estudio pormenorizado del lingüista Peter Boyd-Bowman, en la capital de México, durante la primera mitad del siglo pasado, era patente la creciente riqueza de los nombres de pila femeninos.[1] Señalaba que la tradición colonial de imponer a las niñas el nombre de la Virgen María o de alguna de sus advocaciones —principalmente: Señora del Tepeyac— llevaba a consignar entre los nombres de pila más frecuentes a María Guadalupe, María del Carmen, María de la Luz, María de Lourdes y Esperanza, «mientras que hoy surge la preferencia por el nombre simple: Silvia, Lilia, Irma, Margarita; por el "exótico": Yadira; y nombres que transparentan la creciente admiración de artistas y personajes célebres, como Elizabeth, Gloria, Blanca Estela, Maricela, Julieta; así como el gusto por antropónimos de origen hebreo: Rebeca, Ruth, Noemí, Esther, y la casi completa ausencia de nombres indígenas —nahuas, mayas, zapotecas, tarascos, etcétera.»[2]

Por su parte, los nombres de pila masculinos se caracterizaron por ser de origen germánico: Alberto, Enrique, Fernando, Ricardo, Rodrigo; bíblicos: Abraham, Daniel, David, Jacobo, Samuel, y mitológicos: Héctor, Ulises, así como de personajes famosos contemporáneos, principalmente monarcas: Alfonso, Humberto, Jorge, Eduardo, Víctor Manuel. Esto indicaba que la influencia religiosa iba cediendo terreno a la búsqueda de una mayor variedad onomástica.

---

1 Peter Boyd-Bowman, «Los nombres de pila en México desde 1540 hasta 1950», en *Nueva revista de filología hispánica*, vol. 19, 1970; pp. 12-48.
2 El *corpus* que estudié fue recopilado por Rosalva López Serna en su tesis de licenciatura *Estudio de antropónimos femeninos en la ciudad de México*, que, bajo mi dirección, presentó en 2001.

Era lógico que algunas tendencias se modificaran, pero ¿hacia dónde se dirigió el cambio? ¿Cuáles son, ahora, los motivos presentes en los capitalinos al elegir un determinado nombre de pila para sus hijos? Lo innovador se amalgama con lo tradicional; por ejemplo, los diez nombres simples femeninos más empleados en el *corpus* son Claudia, Érika, Karina, Mónica, Andrea, Carolina, Itzel, Laura, Míriam y Rocío, mientras que los diez compuestos son Ana Karen, María de los Ángeles, María del Carmen, María Isabel, Norma Angélica, Ana Belén, Diana Patricia, María Dolores, María Guadalupe y María Fernanda.

A continuación intentaré dar una respuesta con base en los resultados de una investigación de campo acerca de las preferencias de 600 padres mexicanos, originarios y residentes de la ciudad de México, con tres diferentes niveles de escolaridad, que eligieron nombres de pila para igual número de niños nacidos en esta ciudad.[3]

nombres de origen familiar. Gran parte de las niñas del estudio lleva el mismo nombre que su madre, abuela, tía, madrina o de alguna amiga de sus padres. Así se conservan antropónimos que fueron populares en décadas pasadas, tales como Aurelia, Dolores, Dominga, Elba, Elvia, Evelina, Guadalupe, Juliana, Maura, Rosario, Socorro, Victoria, Virginia y Yolanda. Esta actitud confirma el gran peso que esta costumbre, tan arraigada en nuestra cultura y no ajena a muchas otras, sigue teniendo. Debido a ella se conservan nombres masculinos poco «populares» como Carmelo, Danilo, Delfino, Efrén, Eusebio, Everardo, Feliciano, Jerónimo, Juvencio, Leobardo, Luciano, Mariano, Maximiliano, Neftalí, Rigoberto,

---

3 La encuesta fue aplicada por Rosalva López Serna con un parámetro marcado entre el 1 de enero de 1988 y el 31 de diciembre de 1995. Un análisis detallado de los datos puede encontrarse en «Influencia del nivel de escolaridad de los padres y elección de antropónimos masculinos de la ciudad de México», ponencia de Gloria Estela Baez, leída en el VI Congreso Nacional de Lingüística de la AMLA, celebrado en Mérida, Yucatán, en octubre de 2001.

Ubaldo, Valentín, entre otros. Asimismo, aumentan los casos en que las hijas son llamadas con la forma femenina del nombre paterno: Adriana, Alejandra, Andrea —Andrés—, Carola y Karla —Carlos—, Daniela, Érica, Fernanda, Geraldine —Gerardo—, Luisa, Mariana, Michelle —Miguel—, Paola —Pablo—, Victoria —Víctor—, etcétera.

nombres de personajes famosos. Destaca, en segundo lugar, el considerable número de padres que determinó que sus hijos fueran registrados como homónimos de «personajes famosos» en diversos ámbitos, entre los cuales destacan, en primer lugar, deportistas: Arantxa y Nadia; Hugo, Aarón, Leonardo, Oswaldo, Horacio, Ricardo, Alberto, Yaír, Eder, Gerson, Edson, Diego, Héctor Miguel, Carlos Alberto, Roberto Carlos, entre otros. Cantantes: Ana Belén, Arianna, Daniela, Dulce, Ilse, Ivonne, Karina, María de Lourdes, Maribel, Paulina, Rocío, Selena, Stephanie, Thalía; para varones: Alberto, César, Christian, Emmanuel, John, José Luis, Juan Luis, Luis Miguel y Saúl. Protagonistas de programas cómicos o de comedia: Anahí, Anel, Annabel, Judy, Ivette, Ivonne, Viridiana. De cine o telenovela: Cinthia, Claudia, Edith, Érika, Gabriela, Karen, Kenia, Laura, Nuria, Verónica, Ingrid, Jéssica, Marlene, Melany, Miroslava; en el caso de los hombres: Alejandro, Alfredo, Andrés, Eduardo, Fernando, Humberto, Jorge, José, Mauricio, Omar, Pedro, Rogelio, Saúl. Personajes históricos: en el caso de los femeninos, están presentes en nuestra onomástica las tres princesas más famosas de la época estudiada, es decir, Estefanía o Stephanie, Carolina y Diana, así como la exprimera dama de EE.UU., Jacqueline,[4] como estarán,

---

4 Debo señalar que, en el momento de levantar la encuesta, Jacqueline Kennedy y Diana de Gales aún estaban vivas.

seguramente, en próximos años, los nombres Letizia y Carlota; también se encuentran Isabel y Ximena. Entre los masculinos destacan los monarcas y conquistadores, tales como: Alejandro, Alfonso, Arturo, Carlo, Carlos, César, Claudio, Erik, Fernando, Ricardo, Rodrigo, Tulio; y de los contemporáneos: Anuar, Carlos, Juan Carlos, Juan Pablo, Hussein. Bíblicos: María Magdalena, Raquel, Rebeca, Sara, Judith, Eva; Abraham, Adán, Adonai, Daniel, David, Elí, Gamaliel, Isaac, Israel, Jonathan, Josué, Moisés, Noé, Samuel y Uriel. Personalidades del mundo del arte: Carmen, Elena, Frida, Inés, Rosario, Virginia; Christian, Édgar, Gabriel, Gustavo Adolfo, Homero, Omar, Óscar, Rubén Darío, Miguel Ángel, Igor.[5]

nombres eufónicos. Casi la cuarta parte de los padres escogió el nombre de pila de sus frutos porque «sonaba bien». Entre los simples citamos a: Adriana, Alejandra, Anabel, Andrea, Bárbara, Beatriz, Cinthia, Claudia, Elizabeth, Gabriela, Laura, Liliana, Marisol y Míriam. Para varones están: Alberto, Alejandro, Alfredo, Brayan,[6] Christian, Daniel, Edgar, Enrique, Manuel, Omar. Este criterio, a todas luces subjetivo, lleva, en el caso de los compuestos, a emplear combinaciones tradicionales o «agradables al oído», entre las que destacan Ana Gabriela, Ana Rosa, Ana Karen, Blanca Patricia y Norma Angélica, y en los hombres combinaciones como José Luis, Juan Carlos, Julio César, Luis Enrique, Miguel Ángel, Marco Antonio; y a crear otras poco afortunadas: Antonio Esteban, Erick Alejandre, Irving Israel, Jonathan Joseph, Óscar Jovanni, por citar algunas.

---

5 Cabe destacar que, en el caso de los varones, ninguno de los personajes históricos antiguos o contemporáneos ni los del mundo del arte son mexicanos. Como se ve, los héroes nacionales son futbolistas, actores o cantantes.

6 Transcribo el nombre de pila de acuerdo con la forma en que se consignó en el acta de nacimiento.

significado del nombre. No siempre era el verdadero, pero fue esa supuesta significación —tomada por lo regular de los populares «libros de nombres para su hijo»— la que los motivó. Para los femeninos predominan nombres semánticamente relacionados con los astros: Itzel, Meztly, Ashantty, Izchel, Citlalli, Yareli, entre otros; fitónomos: Violeta, Margarita, Jazmín, Azucena, Yazmín, Xóchitl y Xochiquetzal; relacionados con fenómenos naturales: Brisa, Rocío, Atzin —«nube»—, Hiatzi —«amanecer»—, Aketzalli —«agua pura»—; alusivos a Dios: Elizabeth, Jessica, Raquel; de cualidades: Dulce, Zaira, Nora, Sofía, Linda; y uno cromático: Violeta. Entre los elegidos para varones se advierte la preferencia por lo espiritual o místico, en múltiples alusiones a Dios: «mi juez es Dios», «enviado de Dios», «Dios es mi protector», «recompensa de Dios», «seguidor de Cristo», «corazón del Reino», «guía de luz», «fe», «sonrisa», «el amado», «alma»; a lo celeste: «astro brillante», «sol de agua», «estrella», «primer rayo del sol». Hay referencias a características «tradicionalmente» masculinas: «varón fuerte», «hombre viril», «el que tiene la fuerza», «audaz»; así como a relaciones de poder: «príncipe», «joven guerrero», «imperial», «el mejor», «el que edifica», «el vencedor», «protector de los hombres».

personajes ficticios. Incluyen nombres de personajes de telenovelas: Brianda, Gabriela, Jessica, Mara, María Isabel, Maricela, Maricruz, Marlén, Mónica, Nataly, Paloma, Soledad, Valeria, Ximena y Yessenia; Hugo Alberto, Jorge Luis y Luis Alberto. Provienen de obras literarias: Aura, Ivánovna, Zorayma, Eréndira y Julieta; Alonso, Aramís, Efraín, Mauricio, Román, Sinuhé; de historias aparecidas en revistas: Tania y Leslie —*Selecciones* del Reader's Digest—; Vianey, Jazmín y Yazmín —de la revista de novelas «románticas» *Jazmín*—; de personajes mitológicos: Ariadna, Dánae, Diana, Isis, Osiris,[7] Tonantzin, Apolo, Ayax, Héctor, Jasón y Ulises; de series televisivas estadounidenses: Brenda, Jenny, Samantha, Jennifer, Yeimi, Daphne, Pamela, Jessica, Évelin y Lizbeth, Brandon, Dónovan, Fredy, Jonathan, Joshua, Irvin; de personajes de dibujos animados Wendy, Daisy y Doris; de obras cinematográficas: Viridiana y Lucía; y de canciones: Corina, Dulce Carolina, Esmeralda, Michelle, Yolanda.

nombres tomados del santoral. Todos estos padres manifestaron que su elección no obedecía a esa costumbre religiosa, tan frecuente en centurias pasadas, sino que sólo aprovecharon que el santoral correspondiente incluyera un nombre que les gustara: Alejandra, Andrea, Antonia, Ángeles, Beatriz, Carmen, Carolina, Cecilia, Claudia, Fernanda, Guadalupe, Gloria, Martha, Mónica, Rosa, Victoria; Alberto, Antonio, David, Eduardo, Fernando, Jorge, Miguel, Pedro, Rey David y Rodrigo, entre otros.

nombres elegidos por su procedencia. Fueron seleccionados por provenir del hebreo: Rebeca, Gabriela, Aram, Daniel, Jahazael, Miguel, Nathanael, Uriel, Yael; del árabe: Mirza, Adib, Farid, Omar; del náhuatl: Amellali, Metzin, Tonatlanesi, Xitlalxóchitl, Xochipilli, Xóchitl, Ahuitzotl, Tonatiú, Xocoyotzin; del alemán: Érika, Érick; del italiano: Simonetta, Giovanni; del francés: Lorena; del inglés: Edwin; del portugués: Joao; del vasco: Aranzazu; del maya: Itzel; del purépecha: Yatziri, y del zapoteco: Naixe, Nayeli, Biaani.

motivos religiosos. Algunos padres seleccionaron un nombre religioso, bien sea por su devoción católica: María, Rosario,

---

7 Osiris, dios egipcio de los muertos y esposo de Isis. Pese a ser nombre masculino, fue empleado como femenino.

Montserrat, María de los Ángeles, Guadalupe, Carmen y Socorro; o por pertenecer a agrupaciones cristianas: Judith, Eva, Génesis y Sinaí.[8] También obedecen a la devoción: Jesús, Martín, José; y al cada vez más extendido culto a los ángeles: Gabriel, Uriel, Yeudiel. En padres que pertenecen a alguna iglesia cristiana aparecen: Aarón Itai, Jonathan Daniel, Nazareth, Santiago, Saulo.

graficación del nombre. Otros padres manifestaron que les gustó «cómo se veía escrito» el nombre, y eso determinó su elección en niñas: Aidée, Amayrani, Arlen, Berenice, Claret, Edna, Evelyn, Fabiola, Grisel, Ileana, Itzel, Jeannette, Joseline, Karen, Karina, Konny, Liliana, Lyzbeth, Marissa, Marlen, Mayra, Miriam, Pamela, Paola, Ximena.

nombres creados. Son producto de la creación de sus padres: Alitzel —Alicia + Itzel—, Anahil —Ana + Hilda—, Heildy —Heidi + Hilda—, Mariol —Marina + Olga—, Analí —Ana + Lilia—, Yanín —Anín, diminutivo de Ana + y proteica—, Elibeth —síncopa de Elizabeth—, Melvi —apócope de Melvina—, y Denicet y Yatzari —deformación de Denise y de Yazarib, respectivamente—. Asimismo, al reproducir la pronunciación inglesa de Lila, Janice y David —nombre del padre de la niña— crearon: Laila, Yaniz y Deyvid; y la transcripción aproximada de la frase *ma vie* —«mi vida» en francés— originó el nombre de pila Mabyé.

Podemos concluir que en la actualidad persiste con gran fuerza la tradición de transmitir el nombre de pila de padres a hijos, asimismo,

---

8 En cuanto al empleo de nombres de personajes bíblicos, presente en la ciudad de México desde 1890 y que en nuestro *corpus* no supone un carácter religioso, sino más bien de consulta en las Sagradas Escrituras, registramos: Ana —madre de María—, el topónimo Belem, Betzabé, Raquel y Saraí.

el gusto por nombres bíblicos y de personajes contemporáneos, y el aprecio por la eufonía del nombre. La variedad del repertorio de los nombres masculinos aumenta,[9] en tanto que disminuye la motivación religiosa. Sin embargo, la característica primordial de la onomástica, tanto masculina como femenina, de finales del siglo XX e inicios del XXI, es el papel de los medios de comunicación —sobre todo de la televisión—, presente principalmente en los segmentos con escolaridad media y baja.

Finalmente, dos preguntas: si en este momento, ustedes, queridos lectores, tuvieran que elegir un nombre de pila para su retoño, ¿cuál elegirían y por qué? Recuerden que sus respuestas implican más que un simple capricho y jamás serán producto del azar. ☽

---

9 Frente a la variedad onomástica, enriquecida con nombres de diversas lenguas, destaca la notable vitalidad de los nombres de pila. Si revisamos los diez nombres más frecuentes, de acuerdo con nuestra investigación, hallamos que David, Alberto, Carlos, Eduardo y Jorge han gozado de la preferencia de los habitantes de la ciudad de México desde hace casi un siglo; Jesús y José, a partir de 1675; y la popularidad de Luis, Antonio y Juan se remonta a 1540.

¿Cómo se dice te quiero?

Todos, alguna vez, nos hemos visto o nos veremos en la necesidad de decirle «te quiero» a alguien. Para no tener problemas la próxima vez que se encuentre en tal circunstancia, a continuación el lector encontrará 70 formas de decir «te quiero» en 70 idiomas distintos. Ahora sólo le falta elegir cuándo, cómo y a quién decírselo.

lengua	te quiero
afrikáans	ek het jou lief / ek is lief vir jou
albanés	të dua
alemán	ich liebe dich
árabe —dialectal—	ouhibouk / n'brick
armenio	yes siroum em kez
asturiano —bable—	quiérote
birmano	nga nin ko chit te
catalán	t'estimo
checo	miluji te
chino	wo ai ni
coreano	saranghe
criollo de Haití	renmen'w
croata	lyubim te
danés	jeg elsker dig
eslovaco	lùbim ta
esloveno	ljubim te/rad te imam —para mujer—
	rada te imam —para hombre—
esperanto	mi amas vin
estonio	ma armastan sind
euskera —vasco—	maite zaitut
finés	minä rakastan sinua
flamenco	ik hou van jou / ik heb je lief
gaélico escocés	tha gaol agam ort
	tha gaol agam oirbh
gaélico irlandés	tá grá agam duit
galés	rydw i'n dy garu di

gallego	*quérote*
georgiano	*me shen mikvarkhar*
griego	*s'agapo*
guaraní	*rojhayhû*
hebreo	*ani ohev otakh* —hombre a mujer—
	ani ohevet otkha —mujer a hombre
hindi	*main tumse pyar karta hoo*
holandés	*ik hou van jou*
húngaro	*szeretlek*
indonesio	*saya cinta padamu / saya cinta kamu*
islandés	*ég elska ſoig*
japonés	*aishitemasu*
	aishiteru —raramente usado—
kurdo —Iraq, Turquía—	*ez te hez dikim*
latín	*te amo*
letón	*es tevi mi˜lu*
libanés	*b'hibik* —hombre a mujer—
lituano	*as tave myliu*
luxemburgués	*ech hun dech gäer*
macedonio	*sakam te*
malayo	*aku cinta padamu*
maya —yucateco—	*in katech / in yabitmech*
maorí	*kei te aroha au i a koe*
mixe —de Ayutla—	*kanash mehts ntseki*
mongol	*bi chamd hairtai*
napolitano	*t'ammo*
náhuatl	*nhi mix n ekli*

noruego	*jeg elsker deg*
papiamentu	*mi ta stima bo*
persa	*duset dâram*
polaco	*ja kocham ciebie*
portugués	*amo-te*
punjabi	*mein tenu pyar karda han*—hombre a mujer—
	mein tenu pyar kardi han—mujer a hombre—
quechua —de Cuzco—	*munakuyki*
romaní —gitano—	*kamaù tut*
rumano	*te iubesc*
ruso	*ia liubiiú tebiá*
serbiocroata	*volim te*
somalí	*waan ku jecelahay*
sueco	*jag älskar dig*
swahili	*ninakupenda*
tahitiano	*c here nei vau ia oe*
tibetano	*na kirinla gaguidou*
turco	*seni seviyorum*
ucraniano	*ia tebe kojaju*
valón —Países Bajos—	*dji vs voe voltî*
vietnamita	*anh yêu em* —hombre a mujer—
	em yêu anh —mujer a hombre—
zapoteco —istmo—	*na yeli* ☻

La bandera como símbolo del idioma: ¿insulto o estupidez?

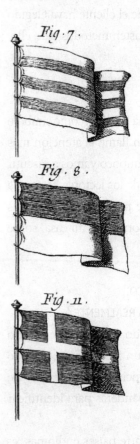

Fig · 7 ·

Fig · 8 ·

Fig · 11 ·

C on demasiada frecuencia se emplean banderas para simbolizar idiomas. Por ejemplo, una página *web* o un artículo de enciclopedia pueden incluir una bandera británica como referencia a la versión en inglés de un documento en otro idioma. Por lo general, es mala idea emplear imágenes, pero eso es harina de otro costal y el tema que nos atañe es por qué las banderas son particularmente inapropiadas.

En un mundo perfecto no habría necesidad de remitir de manera explícita a las versiones en distintos idiomas de un documento. Incluso en nuestro mundo imperfecto, el Internet podría evolucionar en el sentido de que un servidor y un usuario seleccionen una versión con base en las preferencias de lenguaje que el cliente haya elegido al configurar el navegador —hoy en día existen métodos para ello, pero rara vez se emplean en la práctica.

¿Por qué?

Quizá el motivo más común para utilizar una bandera como símbolo de idioma sea que se espera que la imagen llame la atención más que el texto. Esa expectativa es correcta. Tampoco vamos a discutir por qué tendría sentido llamar la atención de los lectores hacia una bandera —¿por qué debería preocuparme por leer en alemán las instrucciones para instalar un equipo de sonido en mi casa, sobre todo, si no hablo alemán?

El argumento básico:
¿Qué representa una bandera realmente?

Una bandera es el símbolo de un país o Estado. También puede serlo de un área administrativa, una sociedad o un movimiento, pero no es símbolo de un idioma, con la rara excepción del esperanto. De lo que se habla aquí es de que el uso de banderas para identificar idiomas está mal, muy mal.

No existe una correlación perfecta entre países e idiomas, es decir, en todos los países se hablan varias lenguas y hay idiomas que se hablan en varios países. La bandera de México, ¿qué lengua denota: náhuatl, maya, yaqui, tarahumara, zapoteco, amuzgo o chamula? En nuestro país se hablan más de 270 lenguas y el idioma oficial es el español, que vino de un país en el que se hablan, además, gallego, catalán, euskera, valenciano, bable y muchos otros idiomas y dialectos. Aun en los rarísimos casos —no me acuerdo de ningún ejemplo— en que los hablantes nativos de un idioma y los ciudadanos de un país conformen grupos casi idénticos, no existe razón para unir estrictamente al país con la lengua que se habla en él.

Por ejemplo, ¿por qué un brasileño o un angoleño seleccionarían la bandera de Portugal para elegir un texto escrito en su lengua materna? O, ¿un mexicano, un argentino, un peruano, un venezolano, un chileno o un cubano deben seleccionar la de España? Es posible que ni siquiera sepan cuáles son las banderas de esos países —y tampoco tendrían por qué saberlo.

¿Por qué un finlandés seleccionaría la bandera sueca para leer material en su lengua nativa, si resulta que es parte de la minoría que habla sueco en Finlandia? Ese uso podría considerarse como un insulto, ya que una bandera denota lealtad al país que representa. Y, en términos prácticos, «lo lógico» es que la bandera sueca haga referencia a situaciones específicas de Suecia y no de Finlandia.

Y, ¿qué bandera poner como vínculo a las páginas en árabe? La de Arabia Saudita sería una afrenta para iraquíes, libios, sirios, omaníes, yemeníes, etcétera. ¿La de Egipto, el país árabe más poblado?, ¿la de Marruecos? —¿cuál es la bandera de Marruecos?—, ¿la de Israel? —después de todo, en Israel, el árabe tiene rango de lengua oficial, junto con el hebreo—, ¿la de Irak, últimamente tan de moda?

Vamos a considerar el prototipo de la bandera que se emplea como símbolo de un lenguaje: la Union Flag —también llamada con frecuencia, pero erróneamente, *Union Jack*—,[1] que muchas veces se emplea para denotar a la lengua de Shakespeare y que, en ocasiones,

---

1 En realidad, *flag* se puede traducir como «bandera» y ondea en tierra, mientras que *jack* equivaldría a «pabellón», que ondea en altamar, en un barco.

es llamada «bandera inglesa». Primero, es preciso especificar que no es la bandera de Inglaterra, sino del Reino Unido de Gran Bretaña e Irlanda del Norte, que incluye varias nacionalidades: ingleses, escoceses, galeses y norirlandeses, entre otras. Existe una bandera de Inglaterra, pero pocas personas fuera del país la conocen, excepto, quizá, como símbolo de la selección de futbol. Más importante, la mayoría de las personas de habla inglesa en el mundo, aun aquellas que la tienen como lengua materna, viven fuera del Reino Unido. Las personas que ponen la Union Flag como símbolo del idioma inglés rara vez piensan en esto y tampoco revisan si su documento está escrito en inglés británico en vez de, por ejemplo, la forma estadounidense, canadiense o australiana.

En muchos países, la Union Flag, al igual que las banderas de España, Francia, Portugal, Holanda e Italia, entre otras, es una referencia a los antiguos amos coloniales. Por tanto, una bandera empleada como símbolo de lenguaje puede tener connotaciones no deseadas, además de desorientar al lector o usuario. Aun si los sentimientos asociados son positivos, no hay razón para desviar la atención, cuando el propósito de comunicación no es otro que remitir a cierta información escrita en inglés.

En los textos internacionales y multilingües, las banderas provocan una gran confusión, ya que, en lógica estricta, denotan países —es decir, guían a cierta información específica para un país, escrita en un idioma determinado—, pero, quizá con demasiada frecuencia, hacen referencia a la misma información escrita en distintos idiomas.

ENTONCES, ¿QUÉ SÍMBOLOS USAR PARA LOS IDIOMAS?

El nombre escrito del idioma es un símbolo perfecto; por ejemplo: *English* —o *British English* o US *English*, si así se requiere—, *español*, *français*, *português*, *Deutsch*, *nederlands*, *svenska*, *suomi* —hay que tener mucho cuidado con el uso correcto de mayúsculas y minúsculas, al igual que las marcas diacríticas.[2] Si un lector no conoce el nombre de un idioma en específico, es probable que sus conocimientos de dicha lengua sean demasiado rudimentarios o inexistentes, y, por tanto, no pueda, no necesite o no le interese leer el texto en dicha lengua.

Si se necesita algo más breve, se podrían usar los códigos definidos por la Norma Internacional ISO 639, ya sea el ISO 639-1 de dos letras, como EN para inglés o ES para español, o bien, el ISO 639-2 de tres letras, como ENG para inglés y ESP para español.

Dependiendo de las circunstancias, es posible presentar los nombres y abreviaturas con diferente formato. Sin embargo, no es bueno tratar de controlar demasiado la presentación. Por ejemplo, en algunas páginas del sitio *web* de la Unión Europea, los idiomas se simbolizan correctamente utilizando los códigos ISO 639, pero las letras se presentan como imágenes de distintos colores. Esto provoca la irritante pregunta de si el uso de «diferentes colores para distintos idiomas» transmite un mensaje, ya sea intencional o no. No obstante, la mayoría de las páginas de la Unión Europea presentan los idiomas de manera más neutral, al emplear sólo los códigos ISO 639-1.

Por otro lado, en muchos casos no hay necesidad de utilizar ningún símbolo para un idioma. Si hay un título en español, como «La bandera como símbolo del idioma: ¿insulto o estupidez?», ¿no es bastante obvio que se refiere a un documento escrito en ese idioma? Y en el documento de una organización o asociación que está escrito en varios idiomas, ¿no es más natural enumerar los nombres de éstos, haciendo que cada uno de ellos sea un enlace a la versión del documento en ese idioma?

---

2 *I. e.* acentos, tildes, cedillas, diéresis, etcétera.

Vale la pena pensar en todo esto, en general:

 Guinea Ecuatorial: **«¿No les parece?»**

 Antigua y Barbuda: ***«Don't you think so?»***

 Suiza: ***«Glaubt ihr nicht?»***

 Senegal: ***«Ne croyez pas?»*** ☺

Barroquismo contemporáneo

```
: )          : (          : D          8 )

            8-|

            :-|

            :-s

            :-)
```

Si usted pensaba que la literatura barroca se había quedado atrapada en el Siglo de Oro o en el México colonial, debo informarle que, probablemente, ya se halle nuevamente circulando en nuestra cotidianidad. Y se preguntará de dónde saco semejante aseveración.

Seguramente, en alguna ocasión, habrá redactado o recibido los típicos «mensajitos», ésos que, hoy en día, se envían de forma continua a través de teléfonos celulares o conversaciones en los *chats* —lo que hábilmente Citlalli López[1] denomina «escritura económica»—.

---

1 v. *Algarabía* 27, julio-agosto 2006, ESTÁ EN CHINO: «Celulares barrocos»; pp. 83-85.

En este tipo de mensajes se puede observar claramente cómo se reduce nuestro lenguaje con abreviaturas concebidas por el «talento» de un amigo, hermano u algún otro conocido que, por otro lado, resultan ininteligibles y, cuando llegan a la pequeña pantalla de mi celular, son capaces de descomponer el momento, ya que uno tarda mucho tiempo en descifrar su contenido y significado —lo cual me hace pensar, angustiada, triste y alarmada, que nuestra lengua muta con rapidez, quizá sin darnos cuenta o restándole importancia, pero de manera terrible y atroz.

Por ejemplo, he llegado a recibir mensajes como: *tvo n l zoklo*: «te veo en el zócalo»; *stoy n la ky d nfrent*: «estoy en la calle de enfrente»; *si pueds comunikt*: «si puedes, comunícate»; *bb qdtb*: «bebé, que Dios te bendiga» —en éste me demoré 24 horas para resolverlo—; o pequeñas cartas siniestras, como la siguiente: *Hi hna qrida, cómo stás? Spro q sts supr bien, l mnsag s dl cl d lili xq no tngo pila, pro bueno, m tard xq no sabía q ponert, pro yo 100pre pienso n ti, spro q tú también lo hagas, nunk kmbies please! Vals mil! cuidat*, lo que se puede traducir así: «Hola, hermana querida; ¿cómo estás? Espero que estés súper bien. El mensaje es del celular de Lilí, porque no tengo pila, pero, bueno, me tardé porque no sabía qué ponerte, pero yo siempre pienso en ti, espero que tú también lo hagas. ¡Nunca cambies, por favor! ¡Vales mil! Cuídate». Y, por supuesto, el ya clásico *TQM* —que también han llegado a sintetizar como *TKM*—: «te quiero mucho»; aunque éste es muy conocido, pues se ha utilizado desde hace muchos años.

Al parecer, lo más importante en este tipo de «textos» es resumir lo más posible, para economizar; pero, ¿qué?, ¿el espacio?, ¿las palabras?, ¿el peso que se puede gastar en ellas?

A mí que me encanta oír, ver y leer la palabra en todo su esplendor y, por supuesto, completa, sin recorte alguno. Por ello me ha llegado a causar gran molestia e incomodidad tratar de leer los inventos bizarros en soportes tecnológicos y electrónicos. Llámenme una total romántica, pero la letra impresa en papel me sigue seduciendo y alegrando el día.

Nuestra lengua es tan rica y variada que, ¿para qué ahorrarla tanto en pro de la modernidad y practicidad? O, más bien, ¿para qué desperdiciarla tan burdamente?

Y es que, en verdad, en ocasiones me pregunto cómo se pueden entender entre los que se comunican así. ¿Cómo pueden saber al instante que «:P» es una «carita con la lengua de fuera»? ¿O que «:*» es una «carita que te manda un beso tronado»? He tratado de verlo o leerlo, pero pierdo mucho tiempo en ello y muchas veces me he preguntado qué me habrán querido decir. Y es que: «entre los adolescentes y jóvenes hay una conciencia de diferenciación como grupo, una conciencia de pertenencia que se refleja en su modo de vestir, en la actitud de rebeldía y lucimiento, y en su forma de hablar, es decir, en su lenguaje. Este "nuevo" lenguaje escrito es en realidad el código, lúdico y personalizado que utilizan para construir su pertenencia. Es un código excluyente, críptico y diferenciador del lenguaje adulto».[2]

Sin embargo, por mucho que se tenga la creencia de que esto es algo muy nuevo, es decir, algo muy del siglo XXI, nos llevaremos el chasco de saber que economizar la escritura, según la investigación de Citlalli López, ya se hacía en los certámenes literarios de la Nueva España,[3] que eran lo mejor para estimular a los creadores de la época, a fin de que pudieran generar versos o juegos literarios totalmente fuera de lo común. En seguida un ejemplo de ellos:

---

2 Según Fernando Bazán y Donovan Landa en su investigación lingüística «"¿Qué onda güey?" y más formas de dirigirse a los jóvenes mexicanos», Aljamía, 2007.
3 Irving Leonard, *La época barroca en el México colonial,* México: Fondo de Cultura Económica, 1995.

«*Yo soy arriero de* RQA *—recua—*
Y de otros arrieros GF *—jefe—*
Y pues he llegado AUZ *—auzeta—*
La mala fortuna CS *—cese—*».

A pesar de que existe una gran similitud entre las creaciones de los poetastros y los «mensajitos» de nuestros días, no debemos olvidar que lo de antaño era la búsqueda de un premio literario y la prodigalidad del ingenio, y lo de hoy es la palabra economizada: «retórica que trata de imitar el habla pero es cambiante, caduca pronto y se desgasta. Por si fuera poco, la lengua juvenil está llena de vitalidad y es permeable a las innovaciones y creación de vocablos. Por lo tanto, este lenguaje escrito se actualiza constantemente, seguirá cambiando, transformándose y adaptándose según cambie la juventud: los adolescentes y jóvenes de hoy lo dejarán de ser en pocos años».[4] 😊 ˄

---

4 Estudio citado.

El arte del palíndromo

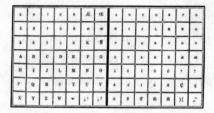

El *Diccionario de la Real Academia Española* dice que palíndromo se refiere a «palabra o frase que se lee igual de izquierda a derecha que de derecha a izquierda; por ejemplo, *anilina*; "dábale arroz a la zorra el abad"». Llama la atención que no mencione, entre las palabras de lectura reversible, la voz *reconocer* o la expresión muy mexicana *acurruca*; asimismo, que no incluya como ejemplo el célebre palíndromo «Anita lava la tina», de autoría desconocida.

En nuestra lengua, el argentino Juan Filloy, conocido como «El Hombre de los Tres Siglos», que nació en 1884 y murió en 2000, posee el récord más alto de palíndromos. Se cree que construyó más de diez mil frases palindrómicas. Sin embargo, su enorme colección no fue reunida en un solo libro y los estudiosos del género deben buscar las perlas de lectura reversible en las novelas de Filloy; por ejemplo, su novela *Karcino* aloja dos mil cangrejos verbales. Otro argentino, el gran cronopio Julio Cortázar, inventó algunos inolvidables, como: «salta Lenin el atlas». En su cuento *Lejana* desliza varios más muy afortunados, por ejemplo: «átale demoníaco Caín o me delata».

La tradición destaca los nombres de Dante y del emperador oriental León VI como practicantes del género. No obstante, es el español la lengua más propicia para la creación de estas expresiones retrógradas, como las apodó Gracián, escritor español del Siglo de Oro que desarrolló la prosa didáctica y filosófica. Más cercano a nuestro tiempo y espacio, el escritor venezolano Darío Lancini publicó un libro erizado de palíndromos: *Oír a Darío*, que tiene algunos, como: «son robos, no sólo son sobornos».

La extensión del palíndromo es variable, desde una sola palabra, *Ana*, hasta 27 o acaso muchas más, como éste de Luis Torrent: «allí por la tropa portado, traído a ese paraje de maniobras, una tipa como capitán usar boina me dejará, pese a odiar toda tropa por tal ropilla».

Pero, ¿cómo se hace un palíndromo? Se toma una palabra que posea varias vocales —las palabras con muchas consonantes son antipalindrómicas— y se estira la cuerda por ambos extremos. Por ejemplo, tomemos la palabra *pera*. Podemos buscar hacia la izquierda la conclusión de una frase a partir de la lectura de *rep*: *pera-rep* —la vocal *a* funge como comodín o bisagra; es la única letra que no habrá de repetirse—. En español encontramos varias palabras que inician con *rep*: *reparto* o *repita*, de manera que tendremos: «a ti pera repita» y «otra pera reparto».

Decía Juan Filloy que la clave para construir palíndromos es la paciencia. Yo sé que estas frases respiran con aliento matemático o, con mayor precisión, algebraico; su construcción es similar a la forma en que se obtiene el balance en ciertas operaciones químicas. Hay prótesis que ensamblan en varias frases, como, por ejemplo, la expresión «allá con amor romano calla»; «allá con amor luz azul romano calla» o «allá, con amor ateo, poeta romano calla».

Los palíndromos pueden ser temáticos; onomásticos, como «Adán: ¿somos o no somos nada?»; aforísticos: «efímero lloré mi fe»; salaces o irreverentes: «a dama madura da ruda mamada»; críticos: «ama soledades la fama, ama falsedad el Osama»; jocosos: «a esa pesada Sada se pasea», etcétera.

Por cierto, no me parece ocioso decir que hay nombres compuestos que forman parte de la familia palindrómica, como: «Ana Susana», «Ramón Omar», «Aída Nadia» y «Osama Dámaso», entre otros.

Entretenimiento de los griegos cultos, el arte del palíndromo, antiquísimo género literario, es alto ejemplo de literatura lúdica, divertida y antisolemne. Aquí ofrezco cinco poemas que admiten una lectura al revés y que se conocen como *reversemas*:

Yo

Hada

—la Bella—

callé

balada

hoy.

———

Yo

sonreí:

tierno
soy.

———

Allá
César
falla:
amó
racial
y laica
Roma:
allá
frase
calla.

———

El amor
a la rosa
das oral:
¡arómale!

———

Anel:
poeta
flor
olfateó
plena. 🌙

Un acercamiento
a los palíndromos onomásticos

Pocos son los nombres de personas que admiten la lectura a contracorriente. Es cierto que en la historia de la onomástica palindrómica el nombre *Ana* es el más famoso, sobre todo si pensamos que con él se troqueló uno de los palíndromos canónicos, emblemáticos, del idioma español: «Anita lava la tina», cuya celebridad sólo rivaliza, entre las frases bilegibles, con: «dábale arroz a la zorra el abad». Sin embargo, sabemos que con la misma base es posible extraer otros, como: «dábale amor a la Roma el abad» y «dábale rosa a sor el abad».

El nombre *Ana* posee una gran tradición entre los poetas aficionados a los juegos de palabras, a los calambures. Así, por ejemplo, Baltasar Gracián, en el discurso XVI,[1] cita a Juan Rufo —que no Juan Rulfo—:

> *Di, Ana, ¿eres Diana? No es posible*
> *que eres fecunda, y eres más hermosa.*

Ana es un nombre dúctil, desde su lacónica realidad podemos formar dos compuestos: uno que prolonga su felicidad y constituye, en rigor, el primer nombre de la que podemos denominar familia palindrómica: «Ana Susana», y otro que se forma cuando *Ana* requiere de compañía y recurre a su hermana *Liliana*: «Ana y Liliana», con la imperfección de la grafía intermedia: la i como y o viceversa. Con *Ana* también: «avellanas Ana lleva» o «Ana Gema me gana». He aquí otras muestras de palíndromos que utilizan el nombre *Ana*:

- ❖ «Ana la galana»

- ❖ «Ana morderá la red romana»

- ❖ «Ana la loca sacó la lana»

- ❖ «Ana: ¡vagad! Aporta la tropa daga vana»

- ❖ «Ana: moriré, herí romana»

Los miembros de la familia palindrómica se apellidan «Salas Menem», si bien hay quien prefiere trocar el segundo apellido en *Medem*. Además, este grupo está formado por dos hombres: «Ramón Omar» y «Osama Dámaso», este último perseguido por la desdicha de su homonimia con quien devastó las Torres Gemelas. Por su parte, las mujeres de la familia palindrómica son tres: «Aída Nadia», «Ana Susana» y «Anel Elena».

En este juego podemos prolongar la felicidad de varios nombres asignándoles verbos o actividades específicas, por ejemplo:

---

1 Baltasar Gracián y Morales, *Agudeza y arte de ingenio*, Madrid: Castalia, 2001.

❖ «Adán: Emir Ramón Omar rime nada»

❖ «a esa Aída, Nadia asea»

❖ «a mora Ana Susana aroma»

Y es posible alargar ciertas frases:

❖ «Osama derrota la torre, Dámaso»

❖ «Aída nada más amad a Nadia»

❖ «Aída narra galana broma, amor banal agarra Nadia»

Aquí van algunos de los nombres que, sin pertenecer al tronco central de la familia, son considerados grandes amigos, por lo que habrán de asistir al festival de la vuelta de las palabras, donde se aderezará una inabarcable ensalada de palíndromos: *Rosa, Teresa, Ramiro, Jacobo, Mario*, pero, sobre todo, *Elba*. Con *Rosa*, por ejemplo, se inventó el que dice: «así Rosa pasó risa»; con *Teresa*, uno dedicado a la autora de *Las moradas*,[2] que no tiene desperdicio: «a ser eterno honre Teresa»; con *Ramiro*: «a Ramiro rimará»; y con *Jacobo*: «a Jacobo robó caja».

Amiga de todos los años, *Elba* es la principal confidente de la familia palindrómica. Ella participa en varias frases. Algunas son: «Elba faz afable», «Elba fénix inefable», «Elba más amable».

Por último, aporto diez muestras jocosas de palíndromos onomásticos:

❖ «a sor ama monarca sacra, no mamá Rosa»

❖ «así ve, Lety Televisa»

❖ «si se menea cae Némesis»

---

2 Santa Teresa de Ávila (1515-1582).

- ❖ «allá caminó. Nada de eso, José: edad anónima calla»
- ❖ «a sor Elisa asile Rosa»
- ❖ «oiga Dalí vil adagio»
- ❖ «allá Savater cesa a secreta vasalla»
- ❖ «a Magog, Gog ama»
- ❖ «así olerá mar Eloísa»
- ❖ «a tu paso Roma ligará, para Gil, amorosa puta» ☺

Estúpido

Mientras más utilizado es un concepto en una lengua, más sinónimos o términos existen para describirlo. El concepto *estúpido*, es decir, el que se refiere a alguien que carece de inteligencia, tiene un sinfín de acepciones en español, con sólo darle una hojeada al diccionario y atender al uso encontramos 95. No son todas, obviamente, ni todas se usan en México; algunas son más usuales en provincia o en otros países, como Argentina y España. Pero, de cualquier manera, ejemplifican las diversas maneras de expresar un concepto dentro de un mismo idioma.

abobado	básico
aborregarse	bembo
abrutado	bestia
adobo	bobo
adoquín	bobalicón
afeite	bodoque
alcornoque	bolo
alelado	boludo
animal	borrico
animalazo	bruto
apocado	bueno para nada
asno	buey
atarantado	burdo
atarugado	burro
atolondrado	caballo
atontado	cabeza de chorlito
atrasado	calabaza
aturdido	ceporro
babas	comejaiba
babieca	corto de entendimiento
baboso	cretino
badulaque	deficiente mental
bambarria	demente
bambarrión	desatinado
barbeta	descerebrado

desequilibrado	inútil
embobado	irracional
embrutecido	irreflexivo
engreído	lelo
estólido	lento
estupefacto	lerdo
estúpido	lila
falto de inteligencia	mastuerzo
falto de juicio	maula
fatuo	memo
gilí	mendrugo
gilipollas	menso
gran bestia	mentecato
guacho	merluzo
güey	mongol
idiota	mongólico
idiotizado	mostrenco
ignorante	nabo
imbécil	necio
inculto	neófito
incapaz	ñoño
inepto	obtuso
informal	ofuscado
insípido	oligofrénico
insulso	otario

palurdo

pánfilo

papanatas

papirote

pasmado

patoso

pazguato

pelmazo

pelotudo

pendejazo

pendejo

pepinazo

pepino

perdido

poco inteligente

primario

privado de razón

pusilánime

retardado

romo

rudo

sencillote

simple

simplón

sope

soso

subnormal

tarado

tarolas

tarugo

testarudo

teto

tolete

tontacio

tontaina

tontuelo

torpe

tronco

zafio

zanahoria

zonzo

zopenco

zoquete

zote

zurumbo ☻

Glosario

aforístico —proviene del griego ἀφοριστικός /aforistikós/— adj. Perteneciente o relativo al aforismo. // Ciencia que trata de los aforismos. // Colección de aforismos.

alverre. Contracción e intercambio silábico de la frase «al revés», juego sintáctico muy característico del lunfardo.

aséptico, adj. Inerte, neutral, frío, sin pasión.

cafisho —del lunfardo—. Rufián. // Explotador de prostitutas.

caló m. Lenguaje de los gitanos españoles.

canora —del latín canōrus—. Ave que canta grata y melodiosamente.

cefalopatía. Enfermedad de la cabeza.

chamuyar —del lunfardo—. Hablar, conversar. // Decir chamuyos.

circunlocución —del latín circumlocutĭo— f. Ret. Figura que consiste en expresar por medio de un rodeo de palabras algo que hubiera podido decirse con menos o con una sola, pero no tan bella, enérgica o hábilmente.

columbiforme —proveniente del latín columba, «paloma»—. Ave semejante o de la familia de las palomas.

compadrito —del lunfardo—. Hombre porteño que vive en los cafetines y bares. // Engreído, pendenciero, bravucón, jactancioso.

dialecto —del latín dialectus, derivado del griego διάλεκτος /diálectos/— m. Ling. Sistema lingüístico considerado en relación con el grupo de los varios derivados de un tronco común. // Sistema lingüístico derivado de otro, normalmente con una concreta limitación geográfica, pero sin diferenciación suficiente frente a otros de origen común. // Estructura lingüística, simultánea a otra, que no alcanza la categoría social de lengua.

diatriba —del latín diatrĭba y éste del griego διατριβή /diatríbée/— f. Discurso o escrito violento e injurioso contra alguien o algo.

esperanto —de Esperanto, seudónimo del doctor L. Zamenhof, quien lo creó en 1887— m. Idioma creado con la idea de que pudiese servir como lengua universal.

gentilicio —del latín gentilitĭus— adj. Perteneciente o relativo a las gentes o naciones. // Perteneciente o relativo al linaje o familia.

hilaridad —del latín hilarĭtas— f. Expresión tranquila y plácida del gozo y satisfacción del ánimo. // Risa y algazara que excita en una reunión lo que se ve o se oye.

inexpugnable —del latín inexpugnabĭlis— adj. Que no se puede tomar o conquistar por las armas. // Inaccesible o de acceso muy difícil. // Que no se deja vencer ni persuadir.

lengua —del latín lingua—. Sistema de comunicación verbal y casi siempre escrito, propio de una comunidad humana. // Sistema lingüístico cuyos hablantes reconocen modelos de buena expresión. // Sistema lingüístico considerado en su estructura. // Vocabulario y gramática propios y característicos de una época, de un escritor o de un grupo social.

léxico —del griego λεξικός /lexicós/— adj. Perteneciente o relativo al léxico. // Vocabulario de un idioma o región. // Diccionario de una lengua. // Vocabulario, conjunto de las palabras de un idioma o de las que pertenecen al uso de una región, a una actividad determinada, a un campo semántico dado, etcétera. // Caudal de voces, modismos y giros de un autor.

limícola —proviene del latín *limus*, «lodo»—. Ave costera o ribereña, como el chorlito, la avefría y la chocha.

lunfardo *m*. El origen etimológico de la palabra *lunfardo* es incierto, aunque se cree que proviene de *lombardo* —«ladrón» en italiano—, que se ha modificado en las tierras del sur, pero no se ha podido demostrar. Esta teoría es bastante lógica, debido a la cercanía del lunfardo con el mundo de ladrones, rufianes, compadritos y prostitutas; «el idioma del delito», como lo llama Antonio Dellepiane —compositor de tango y amante del lunfardo.

macarrónica *adj*. Dicho del latín: usado de forma burlesca y defectuosa. // Dicho de otras lenguas: usadas de forma notoriamente incorrecta.

mondar —derivado del latín *mundāre*— *tr*. Limpiar o purificar algo quitándole lo superfluo o extraño mezclado con ello. // Quitar a alguien lo que tiene, especialmente el dinero. // Azotar, apalear.

parapráxis término creado en inglés para denominar «acto fallido». // Es muy usado en psicología y es sinónimo de *lapsus*.

paseriforme. Ave capaz de asirse a las ramas gracias a que tiene tres dedos hacia delante y uno hacia atrás.

pasquín —proviene del italiano *Pasquino*, «nombre de una estatua en Roma, en la cual solían adherir libelos o escritos satíricos»— *m*. Diario, semanario o revista con artículos e ilustraciones de mala calidad y de carácter sensacionalista y calumnioso.

perífrasis —del latín *periphrăsis*, que se deriva del griego περίφρασις /*perífrasis/*— *f*. *Gram*. Unidad verbal constituida por un verbo en forma personal y otro en forma no personal.

presbicia *f*. *Med*. Defecto de la visión que consiste en que los rayos luminosos, procedentes de objetos situados a cierta distancia del ojo, forman foco en un punto posterior a la retina.

prócer —del latín *procer*— *adj*. Eminente, elevado, alto. // Persona de la primera distinción o constituida en alta dignidad. // Cada uno de los individuos que, por derecho propio o nombramiento del rey, formaban, bajo el régimen del Estatuto Real, el estamento a que daban nombre.

psitaciforme —del griego ψιττακός /*psittakós/*, que significa «papagayo»—. Ave con pico en forma de gancho, de vuelo rápido y colores vistosos, que tiene la capacidad de imitar la voz humana.

ranero(a) —del lunfardo—. Arrabalero. // Persona de bajo estrato social. // Individuo de mala vida. // La rana es también la central de abastos de Buenos Aires; de allí era originario Gardel.

repertorio de voces. Modismos y giros de un autor: tiene un léxico lleno de adjetivos.

salaz —derivado del latín *salax*— *adj*. Muy inclinado a la lujuria.

Tano —del lunfardo— *adj*. Napolitano, término que designa a todo italiano en general.

ultracorrección *f*. Deformación de una palabra por equivocado prurito de corrección, según el modelo de otras.

vocinglería *f*. Cualidad de vocinglero. // Ruido de muchas voces.

zancuda *adj*. Que tiene las patas largas. // Se dice de las aves que tienen los tarsos muy largos y desprovistos de plumas.

Créditos

Todos los documentos han sido elaborados en la redacción de *Algarabía* a excepción de:

«El latín en la tina»
Luis Ernesto González
Es licenciado en lengua y literatura hispánicas. Actualmente es jefe de redacción de la revista *Vuelo*, da clases en la Universidad La Salle de Cuernavaca y participa en programas radiofónicos de divulgación de la literatura.

«Calígula y los escrúpulos»
Éricka Castellanos Moreno
Maestra en letras clásicas por la UNAM, se divierte analizando el lenguaje cotidiano y hallando la sutil diferencia entre los matices diminutivos de sinónimos etimológicos como *matrícula, madrecita* y *mamacita*. Asegura que es tan lúdico y adictivo como leer y escribir para la Colección Algarabía.

«¿Cómo se dice *te quiero*?»
«La bandera como símbolo del idioma: ¿insulto o estupidez?»
Juan Carlos Jolly Vallejo
Es traductor y escritor por oficio, y lingüista y vexilólogo por afición. Tiene más de 200 libros traducidos y una novela terminada, así como otras más en preparación. Los que lo conocieron de niño aseguran que a los dos años reconocía e identificaba todas las banderas de la enciclopedia. Es posible ponerse en contacto con él a través de jcjolly@prodigy.net.mx

«Choque de trenes»
César Manrique
Es historiador y actualmente trabaja en el MUNAL. Estudió su maestría en Bélgica, donde no solamente estuvo vinculado con los exquisitos chocolates, las innumerables cervezas y la vida en bicicleta, sino que conoció los recovecos de la cotidianidad en el pequeño país plurilingüe.

«Diccionario para sobrevivir en Yucatán»
Patricio Carrillo Peniche
Es originario de Maní, Yucatán, y estudió ciencias antropológicas en la Universidad Autónoma de Yucatán. Durante más de diez años se dedicó a la docencia y en la actualidad es un activo promotor del intercambio académico con instituciones afines, tanto de otras regiones del país como del extranjero.

«Los senderos escabrosos de nuestro idioma»
Carlos García Jolly —alias «Laeja»—
Es amante de los deportes, en especial del futbol americano. Estudió agronomía, pero se dedicó a manejar restaurantes, lo que lo llevó a Guatemala y, hoy, a El Salvador. Ha escrito artículos para algunas revistas y guiones de televisión.

«Lunfardo y tango, hijos del arrabal»
Patricia Eva Monge
Nació en Mar del Plata, Argentina. Es

ansiosa amante y discípula de la vida. Actualmente reside en México y estudia literatura en la UNAM. Es autora del libro *Edecán urbana*, donde propone —de forma erótica y con humor— una visión femenina del sexo. Sus primeras palabras fueron en lunfardo.

«Pequeño diccionario de ornitología popular»
Javier Mardel
m. Bípedo implume que actualmente se encuentra en vías de extensión curricular. Le gustan las guajolotas y el huapango de Tomás Méndez. Es becario de la Fundación para las Letras Mexicanas.

«Mudar verbo es elegancia»
«En el nombre de Eufemio»
Juan Arturo Brennan
Es crítico de música, cineasta, productor y guionista de radio y televisión. Imparte cursos sobre diversas materias relacionadas con el cine, la música y la comunicación. Escribe notas de programa para varias orquestas mexicanas y es colaborador regular del diario *La Jornada* y la revista *Pauta*. Único vicio confesado: el futbol.

«Palabras matapasiones y otras desgracias»
Mariana H
Ha trabajado en la radio durante diez años como locutora. Estudió comunicación en el Tecnológico de Monterrey, una maestría de creación y apreciación literaria en Casa Lamm y cursó un diplomado de periodismo en Londres. Actualmente es articulista de las revistas *Sónika* y *Sputnik*, tiene un *blog* en dixo.com, trabaja en las estaciones Imagen 90.5 y Reporte 98.5 y en el canal de videos VH1.

«Los gases del oficio —y otras frijolidades—»
Dante Escalante Mendiola

Es diseñador gráfico egresado de la UAM Azcapotzalco y especializado en ilustración. Es un algarabiadicto confeso e incurable. Cuando no está custodiando celosamente una *Algarabía*, observa y aprecia el humorismo involuntario de la vida.

«Esos pequeños equívocos sin importancia…»
Alexis Schreck Schuler
Es doctora en investigación psicoanalítica, da terapia a adolescentes y adultos, es apasionada de la filosofía, la literatura y el cine. Por otro lado, gusta de los deportes al aire libre.

«Dislexia *¿sexual?* o palabras *desostasars*»
Karla Bernal Aguilar
Estudió comunicación y su pasión por las letras la ha llevado a ser correctora de estilo desde hace siete años, durante los cuales, ha desarrollado la «erratofobia» —aún busca un grupo de apoyo.

«Elogio de la errata»
Jesús Silva-Herzog Márquez
Es licenciado en derecho. Se ha especializado en el estudio de las ideas políticas, tema del que imparte clases en el departamento de derecho del ITAM. Escribe en varios periódicos y revistas sobre actualidad política y otros temas que le apasionan.

«Méjico para los españoles»
Santiago M. Plasencia
Es funcionario de un organismo internacional y en el pasado se desempeñó como lavacoches, maestro, guitarrista, montañero y periodista. Fuera del horario de oficina, se especializa en la lectura y la observación del horizonte.

«Un crucero lleno de indios»
Adrián Muñoz
Es licenciado en letras inglesas por la

UNAM y traductor intermitente. Con el afán de invertir la historia, es ahora doctorante en estudios de Asia y África en el COLMEX, es decir, aspirante a indólogo —que no indigenista—. Además es ferviente seguidor de quien se empeña en llamar San Blake —razón que lo ha orillado a escribir algunos versos.

«Cocodrilo o "gusano de piedra"»
Fabio Germán Cupul Magaña
Es oceanólogo e investigador titular de la Universidad de Guadalajara en Puerto Vallarta. Su mamá le puso *Fabio* por sugerencia de su abuelo materno y *Germán* para evocar la presencia de su finado tatarabuelo. Involuntariamente, su madre honró la fortaleza campesina de la familia, porque, por curioso que parezca, la etimología conjugada de su nombre es «el guerrero que cultiva habas».

«Nombres científicos de los seres vivos»
José Luis Navarrete-Heredia
Es profesor e investigador de la Universidad de Guadalajara y se dedica al estudio de los insectos, particularmente de los escarabajos. Le gusta tanto lo que estudia que, en sus ratos libres, sigue leyendo sobre taxonomía e historia de la biología, particularmente de México.

«¿Qué nombre le pondremos?, matarilerilerón»
Gloria Estela Baez Pinal
Es profesora de la Facultad de Filosofía y Letras de la UNAM e investigadora del Centro de Lingüística Hispánica del Instituto de Investigaciones Filológicas. Ha publicado diversos artículos sobre la enseñanza del español y la lexicografía —antroponimia— y ha participado también como coautora en tres manuales de redacción. Le gusta mucho su nombre.

«Barroquismo contemporáneo»
Karla Paola Vázquez Guzmán

Es latinoamericanista por la UNAM y una fiel amante de la palabra en toda su extensión y plenitud, así que se confiesa un tanto desesperada y malhumorada cuando, a su diminuta pantalla del teléfono celular, llegan expresiones cortadas y poco comprensibles.

«El arte del palíndromo»
«Un acercamiento a los palíndromos onomásticos»
Gilberto Prado Galán
Nació en Torreón, Coahuila en 1960. Es maestro en letras por la New Mexico State University. Ha obtenido, entre otros, los premios internacionales «Malcolm Lowry», «Garcilaso de la Vega, El Inca» y «Lya Kostakowsky». Ha publicado una docena de libros en las principales editoriales mexicanas. Es director de la revista de literatura iberoamericana *ArteletrA*. También es autor de siete mil palíndromos y actualmente trabaja en la Universidad Iberoamericana.

Créditos de las ilustraciones

Copyright free, páginas: 15, 25, 29, 33, 37, 41, 59, 83, 93, 97, 103, 107, 113, 119, 123, 129, 135, 143, 153, 157, 175.
Patrick Burgeff: 73. Alejandro Catalá: 77. Dante Escalante: 47 y 89. Luis Alberto García Sánchez: 69.

Contenido

COLOFÓN

Este libro fue impreso en la ciudad de México el mes de enero de 2008
en los talleres de Q Graphics y terminado en Encuadernaciones Maguntis.
Se formó con los tipos Berkeley book 11/16 y Fairplex 18/24, 48/48.
Arte editorial: Victoria García Jolly.
Coordinación de la edición: María del Pilar Montes de Oca Sicilia.
Edición: Karla Paola Vázquez Guzmán. Formación: Lucero Elizabeth Vázquez Téllez.
Corrección: Karla Bernal Aguilar y Alberto Alazraki.